アドラー心理学でわかる！

5歳からはじめる

いつのまにか子どもが算数を好きになる本

松岡 学

数学者／高知工科大学准教授

standards

はじめに

本書は、子どもの算数の力を育てるためのお母さんの心得を記した本です。

目先の結果ではなく、長い目でしっかりとした算数力、数学力を養うことが目的です。

算数や数学は「解けるか、解けないか」がはっきり決まる科目です。解ければうれしくなり、次の問題にも挑戦しようという気になります。逆に解けなければ悔しいし、苦手意識も生まれてしまいます。つまり、解けないと「自己肯定感」が低くなりやすい特徴があるのです。

そこで、子どもの算数力をアップさせるために効果があるのが、アドラー心理学による「勇気づけ」なのです。

一般に、算数を教えるとき、算数の内容や解き方ばかりに意識がいってしまいがちなのですが、**実は子どもとの接し方などの気持ちの部分がとても大切なのです。**

本書では算数の内容というより、算数を通した子どもとの接し方にフォーカスして、お話ししたいと思います。

アドラー心理学は、人が幸せになるための心理学です。本書を通して、アドラー心理学の考え方を身につけ、実践すれば、日常生活全般にも役立つことでしょう。

算数 × アドラー心理学 = 幸せ

そんな内容となっています。

算数や数学には確かに堅い側面もあります。その堅さのため、子どもたちが数学嫌いになると思われがちなのです。

ですが、算数を学ぶ楽しさは暗記をすることではなく、「なぞなぞ」のように自由な発想で問題に取り組めることにあります。

柔軟な考え方をしたり、解くことを楽しんだり、充実感を味わったり。

算数にはそんな「柔らかくて、優しい」側面もあると、私は感じています。

そんな想いを伝えたいと思い、私は算数や数学を子どものみならず一般の方々に伝える活動を、セミナーを通して行ってきました。本書には学校だけでなく、そのような活動を通して得たノウハウも活用しています。

本書を読んでもらうことで、子どもだけでなく、お母さんも算数や心理学に癒されてほしいという思いを込めました。

本書は、お母さんだけでなく、お父さん、ほかのご家族、教師、教育に関心のある方々など、さまざまな立場の方に広く読んでいただけるような内容になっています。これらの方々の立場を本書における「お母さん」に置き換えて読むことができます。

ですので、なるべく多くの方々に読んでいただけるように書いたつもりです。

プロローグから第5章まで以下のような道筋で、ご案内します。

プロローグ　子どもが算数に自信をもてないときは？
第1章　アドラー心理学で算数に向き合い、好きになる
第2章　お母さんも算数に親しもう
第3章　子どもへの「勇気づけ」をやってみよう
第4章　年代別の算数のポイントを知ろう
第5章　お母さんもキラキラ輝こう！

子どもの算数力が育ち、お母さんが癒される。
そして、幸せな空間が実現する

そんな思いを詰め込んで、本書を執筆いたしました。
あなたのお役に立てれば幸いです。

松岡学

Contents

Contents

第3章 子どもへの「勇気づけ」をやってみよう

Contents

第4章

年代別の算数のポイントを知ろう

Contents

第5章 お母さんもキラキラ輝こう!

プロローグ

子どもが
算数に自信を
持てないときは？

算数が苦手だという子どもに
共通しているのは、そもそも問題に当たる前から
自信をなくしているということです。
本題に入る前に、まず算数に向かう前の
心構えについてお話ししましょう。

「問題が解けないことを認める」勇気をもとう！

子どもが算数に取り組む勇気を取り戻す

まず、あなたのお子さんが算数に自信がなくて、悩んでいるとします。この場合、「なんとかしてあげたい」と思うのが親心だと思います。そんなとき、算数という教科の特性をよく考えてみるといいでしょう。

基本的に算数や数学は難しいと思われがちで、受ける側の勇気をくじかれやすい教科です。そのことを念頭において、まずは、子どもを勇気づけてあげてください。算数以外のふだんの様子から、子どものよいところに注目したり、気分転換として一緒に映画を見たりするのもいいでしょう。

本書では、算数や数学が堅くて難しいという印象を与えたまま教えることを、推奨していません。お母さんの接し方によって、子どもが算数を楽しみ、算数に取り込むことの勇気を取り戻せるようにという立場から書かれています。

お母さんと子どもが、算数を通して暖かな触れ合いができるようにするため、本書では、アドラー心理学のアプローチをとります。

お母さんがアドラー心理学の「勇気づけ」を身につけ、実践することで、子どもとの間に幸せな空気が流れ、しかも長い目で見た確かな算数力が子どもに養われる。

そんなことを実践していただきたいと願っています。

子どもが問題を解けないとき、「どうしてこんな問題ができないの！」とはっぱをかけて厳しくしても意味はありません。ますます算数が嫌いになるだけです。それに、どんなに頑張っても、**「解けないものは解けない」**、それが算数なのです。

算数の特性というのは、「解ける」「解けない」がハッキリしているということです。ですから、問題が解けないと、どんどん自信をなくしていき、やがて数字を見るのもイヤになります。

では、どうすればいいのでしょうか。この場合、

「問題が〝解ける〟喜びを味わう」

ことが、いちばんの特効薬です。それにより、

「算数でなくした自信を、算数で取り戻すことができる」

のです。問題が解けた喜びで、算数に対するイメージが好転します。**周りがいくら騒いでも、子どもは算数を好きになりません。**本人が「解けた喜び」を感じることを、尊重してあげてください。

ここで「いやいや、その問題が解けないから困っているんですけど」という声が聞こえてきそうです。では、どうすればいいのか？「問題が解ける」ようにするためには、最もやさしい問題を解けばいいのです。すなわち、

「同じテーマで、いちばんやさしい問題を解く」

ということです。

学校で出された問題が解けなくてもあまり気にしないでください。**とにかく、やさしい問題が解ければよいのです。**毎日、コツコツと自分のペースで、やさしい問題を解いているうちに、「問題が解けてうれしい」「問題を解くことは楽しい」という気持ちになります。そんな「解ける」喜びを感じるうちに、少しずつ自信につながります。そういう意味では、算数は「達成感」や「自己肯定感」を得るのにも最適な教科だといえます。

このとき、ひとつ気をつけて欲しいことがあります。算数では、

「わかったふりをしない」

ということが大事です。

「わかったような、わからないような、でも解けた」

というのがよくないのです。つまり、どこまでが「わかって」いて、どこからが「わからない」のかを、はっきり見極めることが重要なのです。ですから、子どもにとって大切なのは、「この問題は解ける」「この問題は解けない」と、はっきり区別して認識できることなのです。

わかりやすくいうと解けなくてもいいのです。「解けないことがわかる」ことが大事なのです。

解けない問題は、解けなくても気にしない、いったん、その問題はおいておく。

そして、さかのぼって、もっとやさしい問題からスタートする、という習慣をつければよいのです。そうすることで、少しずつ自信がついてきます。

提案
解けないことを認める勇気をもとう。

「算数」も「数学」も同じ言葉

算数や数学を英語でなんというか知っていますか?

実は、英語で書くと算数も数学も同じ、

"Mathematics"です。日本語では「算数」と「数学」というように違う言葉で区別していますが、英語だと同じなんですね。

このことからも、私は「算数」と「数学」のように名前を変えて区別しないほうがいいと考えています。それに、言葉を変えることで、「算数はまだなんとかなるけど、数学になると劇的に難しくなる」というような先入観を生みやすくなります。

実は、中学や高校の数学の考え方を、小学校の算数のときに習っていることもけっこうあるのです。

たとえば、中学や高校数学で縦横無尽に出てくる「文字x」や「関数」ですが、最初は算数で習うのです。また、算数で習う円の面積の考え方には、高校数学で中心となっている微分積分学の考え方が含まれています。

ですから、子どもたちが算数に慣れ親しめば、そのまま中学、高校の数学に自然に移行できるはずだと、私は思っています。

こうした理由から、本書では「算数」と「数学」という言葉をあまり区別せずに使っています。「算数力」と「数学力」などの言葉もあまり区別していませんので、読者の方は、そのあたりは気にせずに読んでもらえればと思います。

それでは、算数とアドラー心理学の世界に旅立ちましょう。

第1章

アドラー心理学で算数に向き合い、好きになる

まずはじめに、アドラー心理学の
エッセンスをご紹介します。
２章以降で、アドラー心理学を利用して、
どうやって算数になじんでもらうかを、
キーワードを中心にわかりやすく解説します。

なぜ子どもの算数の勉強にアドラー心理学が必要なのか？

アドラー心理学とは何か

約100年前、オーストリアの精神科医、アルフレッド・アドラーは、平和な世の中になってほしいと願い、独自の新しい心理学を考えました。それがアドラー心理学の始まりです。アドラー自身は「個人心理学」と呼んでいました。アドラー心理学は、人が幸せになるための心理学です。そして、「勇気」を大切にします。

子どもと接するとき、お母さんがアドラー心理学を意識していれば、お子さんの「勇気」

を育てることができます。

お子さんが算数を好きになり、「自ら勉強する姿勢」が身につき、さらに、家族が幸せになれたら素敵ですね。

アドラー心理学はそんな可能性を秘めた心の処方箋なのです。

算数にアドラー心理学が必要な5つの理由

ところで、理数系の学問である算数に、なぜアドラー心理学が必要なのでしょう。ここではその理由をお話しします。

❶算数が好きになる

算数は「解けるか、解けないか」がはっきり決まり、解けなければ苦手意識が生まれやすい科目です。苦手になるということは、アドラー心理学の言葉で「勇気がくじかれる」といいます。厳しく教えていると、算数嫌いになりかねません。

アドラー心理学では、**頭ごなしに子どもを叱ったりせずに、子どもの気持ちを尊重した**

接し方をします。それにより、「算数を好きになる」ような気持ちを育むのです。

❷自発的なやる気を育てる

アドラー心理学では、親の意見を一方的に押しつけません。子どもの「自発的なやる気」を育てます。それにより、子どもが自らペンを握り学ぶようになるのです。

算数力を身につけるには、嫌々やるのではなく、自発的に取り組むことが大切です。

また、勉強だけにとどまらず、将来子どもが社会に出たとき、自立して仲間と協力的にやっていけるような能力を育てます。

❸お母さんが生き生きしてくる

アドラー心理学の接し方は、親がすべてを抱えこむような子育てではありません。子どもと役割分担をして、協力的に進めます。その分、親自身も自由な時間が増えます。

お母さん自身、やりたいことをやって、生き生きと過ごすことができます。

お子さんのことを大切にしながらも、自分自身の人生を楽しみましょう。

❹家庭の雰囲気がよくなる

子どもやお母さんが生き生きとすることで、家庭の雰囲気がよくなります。

アドラー心理学は育児や教育に、とても効果があるということがわかっています。しかも、アドラーが提唱してから現在まで、約100年の実績があります。

お母さんも、安心してアドラー心理学を活かした子育てを実践してほしいと思います。

❺幸せになれる

もともと、アドラーは平和な世の中を実現したいという想いで、アドラー心理学を提唱しました。アドラー心理学は、人が幸せに生きるための心理学なのです。

あなたもアドラー心理学を身につけ、実践することで幸せになりましょう。

「はじめに」でお話したように、本書のテーマを一言でいうと、「**算数×アドラー心理学＝幸せ**」です。このテーマでお話を続けていきます。

私はなぜアドラー心理学を算数に取り入れようと思ったのか

アドラー心理学を学んだ原点

次に、私とアドラー心理学の出会いについてお話ししましょう。

2014年頃、私が大阪の女子大学に勤めていたとき、「数学には堅いイメージがあり、嫌いになりやすい教科ではないだろうか」と心配していました。

「学生たちに、数学を好きになってほしい」

それが私の願いでした。その思いを実現するため、数学の授業に際して、「数学に親しみやすい雰囲気」をつくり出したいと思うようになりました。

また、子どもの数学力を育てる教育法を広く伝えたいと思い、お母さん向けの算数セミナーも始めました。


そんな中、ヒューマングロウス（人間成長）トレーニングの第一人者である、鈴木博さんの研修に参加しました。この研修は、心理学をもとに「モチベーション」を引き出すことを大切にしていて、私が目指す教育に役立つ内容でした。

鈴木さんの研修ではアドラー心理学という言葉は出てきませんでしたが、アドラーの影響を強く受けている内容だということを、後になって知りました。


わかりやすい数学教育を実現するために何かヒントをつかみたいと思い、アドラー自身による『人生の意味の心理学（上）（下）』（アルテ）、日本におけるアドラー心理学の草分けである精神科医・野田俊作さんの『アドラー心理学を語る Ⅰ／Ⅱ』（創元社）を読みました。

アドラー自身の本を読むことで、アドラー心理学の考え方の原点を学びました。

一方、野田さんの本には実践的な内容も多く、教育に生かせるように感じました。この4冊が私にとって、アドラー心理学を学ぶ原点となりました。そしてその後、いろいろな本や論文を読み進みました。

アドラー心理学を実践的に学ぶ

ただ、アドラー心理学は実技的な側面もあり、本を読んだだけでは身につかないように感じ、日本アドラー心理学会が連携している子育て講座にも参加しました。この講座は、理論派の野田俊作さんが開いた講座だけあり、キッチリ作りこまれた内容でした。

私はこの子育て講座を何度も反復して受講し、自分の体に染みこませるように努めました。それにより、アドラー心理学の実技的な基礎を学んだように思います。

一方、日本に広まるアドラー心理学だけでなく、海外の心理学者の「教え」も吸収したいと思い、私は日本で開催された、モントリオール個人心理学研究所理事長のジョセフ・ペルグリーノ博士、アドラーユニバーシティ教授のマリーナ・ブルフシュタイン博士の講座にも参加しました。

講座の中で、ペルグリーノ博士やマリーナ博士の心理カウンセリングを見る機会があり、私は深く感銘を受けました。

そこで、ペルグリーノ博士の柔らかなアドラー心理学を受け継いでいる岩井俊憲さんのもとで、アドラー派によるカウンセリングを学ぶようになりました。

私はこれらのアドラー心理学の教えを数学の教育に取り入れたいと思い、大学で実践と研究を重ねました。そして、２０１８年にアドラー心理学とグループ学習の論文を共同で、２０１９年に数学による「癒し」とアドラー心理学をテーマとした論文を単独で、大学の雑誌に発表しました。

現在も、数学の教育にアドラー心理学を取り入れるために、大学教員としての日々の教育活動や開催するセミナーで実践や研究をしています。

キーワードでわかる！
アドラー心理学の考え方

「世界は信じがたいほどシンプルだ」

これはアドラーと一緒に仕事をしていた精神科医のリディア・ジッハーの言葉です。

ジッハーは、アドラーの本を3日間かけて、最初から最後まで3回読みました。4日目の朝、これまでとは世界が違って見えて、椅子から立ち上がり、このように言ったといいます。

アドラー心理学は複雑に見える世の中を、シンプルな原理で説明しています。それによって世界の見方が変わり、ときには感動さえします。

最初は馴染みにくく感じることがあるかもしれませんが、どうか先入観を捨てて、アドラー心理学の考え方に触れてみてください。

考え方のキーワード

❶「タテの関係」から「ヨコの関係」へ

「親が上で子どもが下」というような、上下の支配的な関係を「タテの関係」といい、「親と子どもは平等」と考えて協力的に接する関係を「ヨコの関係」といいます。

「タテの関係」は、関係が堅くなってしまいますが、「ヨコの関係」なら、友好的な関係を築くことができます。

たとえば、会社が休みの日に、上司と遊びに行くのと同僚と遊びに行くのは、どちらがいいですか？　同僚と遊びに行くほうが気楽でいいですよね（上司にとりいって出世したいという野心があれば別ですが……）。それは上司とは「タテの関係」で、同僚とは「ヨコの関係」なので、同僚のほうが気心がしれた関係があるからです。

ですから、アドラー心理学では、たとえ上司と部下の関係であっても、「ヨコの関係」を意識して接するとうまくいきやすいといいます。

では、親子関係ではどうでしょうか。

「親の言うことは聞きなさい」「夜の9時になったらテレビを消して寝る準備をしなさい」というように親の権威を使って「上から目線で」指示をすることが「タテの関係」です。ひと昔前の家庭なら、普通の光景かもしれませんね。

一方、「テレビは何時に消すか、一緒に決めない?」というように、子どもと協力的に決めていくのが「ヨコの関係」です。「タテの関係」に慣れている人には、まどろっこしいように感じるかもしれませんが、これが子どもの考えを尊重した接し方なのです。

勘違いしやすいのですが、**子どもと親は平等です。ですが、同等ではありません。**

どういうことかというと、親は経験も豊富ですし、経済力もあります。一方、子どもは経験が少なく、経済力もありません。

だからまったく同じ(同等)ではないのですが、人としては平等だということを言っているのです。

子どもも親もすべて同じでなければいけないということではありません。

「タテの関係」と「ヨコの関係」

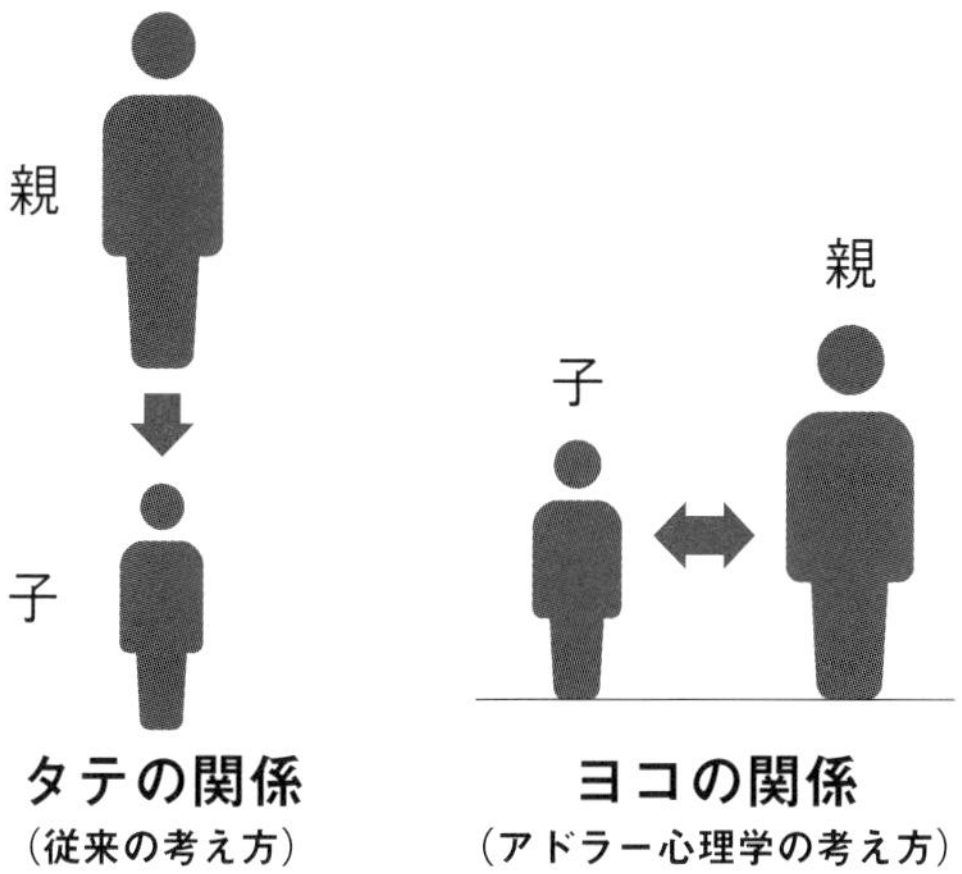

たとえば、親と子どもが同じ門限にしなければいけないとか、そのようなことを言っているのではないのです。子どもの門限が夜の6時で、親の門限は10時でもいいのです。

一方的に指示をするのではなく、理由を説明して話し合って、同じ立場に立って物事を決めることを大事にしてほしいということなのです。

ふだん、子どもと接するとき、「タテの関係」になっていないか意識してみましょう。もし「タテの関係」になっていたら、「ヨコの関係」で接してみましょう。

考え方のキーワード

❷ 褒めない、叱らない

「叱らない」というのはわかるかもしれませんが、「褒めない」というと驚かれるかもしれませんね。

アドラー心理学では、褒めるのではなく、「勇気づけ」を大切にしています。

「褒める」と「勇気づけ」では、どう違うのでしょうか？

「よくできました」というように、褒めるというのは、上の人が下の人を評価している行為になります。すなわち、褒めるというのは「タテの関係」であり、「評価」なのです。

一方、勇気づけというのは、「あなたがいてくれて、お母さんはうれしいな」というように「ヨコの関係」であり、「承認」なのです。

ですから、「褒める」よりも「勇気づけ」のほうが、子どもの心に響くのです。

日常生活で、子どもをまったく褒めないというのも難しいと思いますので、少しずつ、「勇気づけ」を増やしていけばいいでしょう。

また、「叱る」というのも上から下への行為で、「タテの関係」によるものです。それに、叱るときにマイナスの感情をぶつけてしまうと、子どもとの関係が悪くなってしまいます。

叱るのではなく、ダメな理由を説明して、やさしくきっぱり諭すというのがいいでしょう。

「やさしくきっぱり」

というのも、大事なキーワードです。

子どもにいうことを聞かせたいため、ごほうび（アメ）で釣ったり、逆に、罰（ムチ）を与えることも、子どもによくない影響をあたえます。

てっとり早いため、ついこのような方法に頼りたくなるのですが、長い目で子どものことを考えたら、このような方法はとるべきでないのです。

子どもになんとか勉強をさせたいと思う気持ちもわかりますが、「次のテストの点数がよかったら、おこずかいをあげるわね」というように、ごほうび（アメ）で釣るのは考えものです。そのような習慣が身に付いてしまうと、報酬があるときしか、行動しなくなってしまいます。本人のためになりません。また、「親が子どもの面倒を見なければ」という気持ちが強すぎると、なんでも構い過ぎて、つい過保護になってしまいます。

しかし、甘やかしや過剰なサービスは子どもにとって好ましいものではありません。こ

れは子どもの自発的なやる気を奪うことにつながります。

「子どもが失敗しないように守りたい」というお母さんの気持ちもわかるのですが、手厚く保護しすぎると、子どもは自立しないまま大人になってしまうかもしれません。

また、子どもが不適切な行動をしたとき、罰（ムチ）を与えるのも好ましいことではありません。罰を受けた子どもは、嫌な気持ちになり勇気をくじかれてしまいます。

それに、罰を与えることで、自分の行動の可否を「罰を受けるか、それとも、受けないか」で判断するようになってしまいます。そうではなくて、理由を説明して、不適切な行動と向き合うようになることが大事なのです。

また、罰を受けることで、子どもが消極的になったり、逆に反抗したり、親と子どもの関係が悪くなるかもしれません。

罰を与えたり、子どもを抑圧することは、

「自分では何もできないから、親の言う通りに動きなさい」

という信念を、無意識のうちに植え付けることにもなるのです。

Point

アメもムチもやめよう！

考え方のキーワード

③自立して、社会と調和する

ここまでお話ししたように、アメもムチも子どもの自発的なやる気や責任を学ぶ機会を奪うことにつながります。

アメとムチの使用は

「私（子）1人では何もできない」

「人々（親）は私（子）を助けるべきだ」

そんな考えを無意識のうちに植え付けていることになるのです。これでは子どもは成長できません。

アドラー心理学ではまったく逆の行動を目指します。つまり、子どもが、

「自立する」

「社会と調和して暮らす」

ということを目指します。

これをアドラー心理学による子育ての「行動面の目標」といいます。

「社会と調和して暮らす」というのは、社会の中で周囲と協力しあいながら、幸せに暮らせるようになるという意味です。長い目で見たとき、お子さんが自立して、社会と調和して暮らせるようになったら素敵ですね。

では、この目標を実現するためには何が必要でしょうか。

子どもには次の気持ちを持てるように接することが重要です。

「私は能力がある」

「人々は私の仲間だ」

つまり、子どもが「自分には能力がある」「お母さんは私の味方だ」と思えるような接し方を目指します。

これを「心理面の目標」といいます。

子どもが自分自身を強く肯定して、さらに周りの人を承認するという心理状態を持てる

「心理面の目標」と「行動面の目標」

心理面の目標	→	行動面の目標
1.私は能力がある。 2.人々は私の仲間だ。		1.自立する。 2.社会と調和して暮らせる。

ようになることが、本人が自立して社会と調和できる未来を生むのです。

「行動面の目標」と「心理面の目標」は、野田俊作さんが導入しました。

もし、子どもに対して、感情的になりそうになったときは、どうかこの「心理面の目標」を思い出してください。お母さんの対応によって子どもが、

「私は能力がある」
「お母さんは私の仲間だ」
「家庭は安全な空間だ」

と感じるかな？　と自問してみてください。

そうすることで、子どもへの接し方が良い方向へと変わっていきます。

考え方のキーワード

❹ 勇気づけ

アドラー心理学では、子どもが臆病で自信がないのは、「勇気をくじかれている」と考えます。特に、算数は、「解ける」「解けない」がはっきりしているので、解けないと勇気がくじかれやすいのです。

ところで、「勇気」とは何でしょうか。改めて、意外と考えると難しいですね。

「勇気」を英語で書くと、

〝courage〟

です。

語源としては、〝cor〟(コア、心臓)と〝age〟(行為、その結果)を組み合わせた単語です。そのままだと「心臓が生んだもの」となります。心臓を「心(ハート)」と解釈すると、「心により生み出された行動」が「勇気」となります。

「勇気の伝道師」といわれている岩井俊憲さんによると、「勇気」とは、

「困難を克服する活力」

だといいます。力強いですね。

アドラー心理学の「勇気」という言葉にはいろいろなニュアンスが含まれています。


「行動するのも勇気」

「じっと耐えるのも勇気」

「関係を回復させるのも勇気」

「絆の維持も勇気」


ただ勇ましい気持ちでいることだけが、「勇気」ではないのです。ときには沈黙し、ときには耐えることも勇気です。

そして、子どもと誠実な人間関係を築き、絆を維持するのも「勇気」なのです。

このような「勇気」を胸に秘めて、子どもと接してほしいと思います。

お母さんの「勇気」で、子どもは変わるのです。


次に見ていきたいのは「**勇気づける**」ということです。

「勇気づける」とは

「本人が困難を克服できるような活力を注ぐ」

ということになります。

「行動する」「耐える」「関係を回復させる」「絆を維持する」というようなことが、子ども自身でできるような方向へ支援することが「勇気づけ」なのです。

「勇気づける」というと、相手をほめて元気にするようなイメージがあります。しかし、そうではありません。それだけでは、甘やかしの教育になってしまいます。

時にアドラー心理学は「罰を使わない」優しいだけの心理学だと誤解されやすいのですが、「勇気づけ」には力強い側面も含んでいるのです。

アドラー心理学を実践するとき、ここを見落としていると、うまくいきません。

「勇気づけ」について、もう少し具体的に見ていきましょう。まずは、子育ての心理面の目標を思い出してください。

「私は能力がある」

「人々は私の仲間だ」

の2つでした。

家庭での「勇気づけ」とは、子どもと接するとき、この2つの方向で力づけをすることをいいます。

そうすることで、子どもが自立し、社会と調和して暮らせるようになることを援助するのです。

甘やかしや過剰なサービスなどは「勇気づけ」とはいえません。子どもが自立するためには、自分自身で課題を解決した経験を積むほうがいいでしょう。

時には、失敗から学ぶことも大切です。そのためには、親は不必要な手出しはせずに、適度な距離感で見守ることも必要です。

子どもが心配で、不必要に手をかけすぎるというのは、「親が勇気を欠いている」ともいえます。

「原因が行動を決めるのではなく、目的が行動を決める」

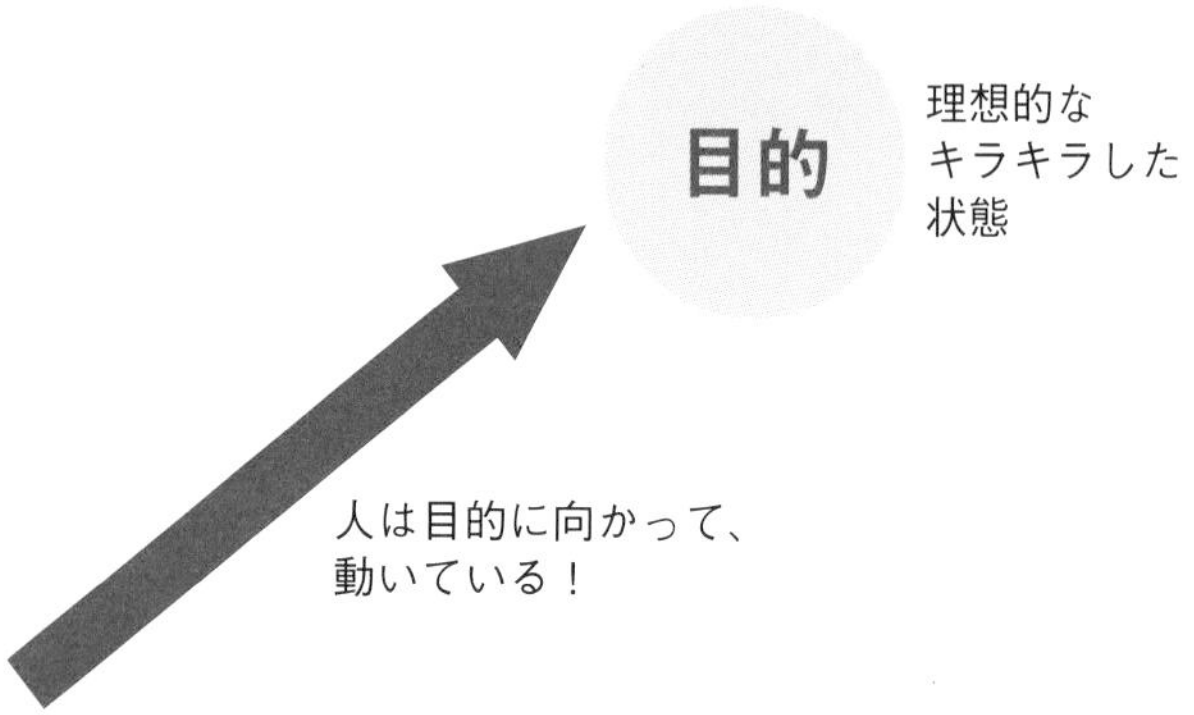
目的
理想的な
キラキラした
状態
人は目的に向かって、
動いている！

考え方のキーワード

⑤目的を真っ先に考えよう

アドラー心理学では、「人は目的に向かって動いている」と考えます。

「動いている」と聞くと、不思議に思われるかもしれませんね。心理学というと、人の内面を扱う静かな学問のイメージがあるからです。

しかし、アドラー心理学では、「心の動き」を考えます。しかも、心は「目的に向かって動いている」と考えるのです。

これは、アドラー心理学の鍵となる考え方です。人は「目的を見据えて、行動をしている」生き物であると考えていいでしょう。

ただし、正当な方法で達成できないと感じると、不適切な方法をとるかもしれません(例:好きな女の子に、イタズラをして気を引こうとする)。

逆に、「原因が元で、その結果、今の行動がある」と考える心理学もあります。

これはどちらかが正しくてどちらかが間違っているというわけではなく、アドラー心理学では、「人は目的を実現するために、行動をしている」と考えるのです。すなわち、

「原因が行動を決めるのではなく、目的が行動を決める」

と考えるのです。

ひとつ言えることは、目的を真っ先に考えることで、前向きな気持ちになれるということです。

子どもが算数のテストで低い点数を取ったとき、「どうしてそんなに悪い点数なの!」「理由は?」などど、原因を追究しだしたら、子どもも暗い気持ちになりますよね。

それより、「次はいい点数が取れるように、頑張ろうね」と言葉をかけたほうが、前向きな対応だといえます。

「原因さがし」「反省」ばかりをするのではなく、目的を考えたほうが、子どもは前向きな気持ちになり、算数好きになりやすいのです。

つまり、目的を考えることは、それだけでも「勇気づけ」になるのです。

考え方のキーワード

❻「捉え方」で行動が決まる

人の行動を決めるのは何だと思いますか?

これは気づきにくいことなのですが、人の行動を決めているのは、物事の「捉え方」です。「見方」「意味づけ」ともいえます。

たとえば、算数のテストで30点を取ったとします。このとき、子どもが、

「やっぱり、算数は難しい。あきらめようかな」

というのもひとつの物事の捉え方です。ですが逆に、

「あと70点分も点数を上げることができる。点数アップを目指して努力しよう」

と考えるの物事の捉え方のひとつなのです。

事実は「30点をとった」ということのみ。ですが、その事実の捉え方はいくつも異なる種類があります。つまり、人は捉え方によって、行動が決まるのです。

「人は意味づけられた世界に住んでいる」

と、アドラーは言いました。同じものを見ても、人によって見方が異なるというわけですね。

ですから、ポジティブな行動ができるような「捉え方」を意識することが、より良い行動へとつながるのです。

Point

ポジティブな行動ができる「捉え方」を意識する。

例 子どもが言うことを曲げない場合

×「まったく頑固な子ね!」

○「意志が強く、粘り強いということは、数学に向いてるかも!」

※短所も見方を変えれば、長所に変わる。

キーワードでわかる！アドラー心理学の接し方

接し方のキーワード

❶子どもの話をよく聴く

子どもと接するときに忘れがちなのが「子どもの話をよく聴く」ということです。子どもよりお母さんのほうが人生経験も豊富ですから、何かあったとき、つい「子どもの話を聴く前にアドバイスをする」という方向で接してしまいがちです。

アドバイスをすること自体は悪くはないのですが、まずその前に、子どもの話によく耳を傾けてあげてください。

初めから一方的にアドバイスをするというのは、上から下への「タテの関係」になります。いくら正しいアドバイスだとしても、それでは指示をされないと行動できない依存的な性格になってしまいます。

子どもの自立を願うのなら、「ヨコの関係」で子どもの話をちゃんと聴いて、子どもの主体性を尊重した接し方をしましょう。

「子どもの話をよく聴く」というのは、子どもの「主体性」を尊重していることになります。

話の聴き方ですが、できれば子どものほうを振り向いて、最後まで聴いてあげてください。

視線も向けずに気のない返事をすると、子どももガッカリします。子どもの話に関心があるように、共感して聴くといいでしょう。

あいづちを打ったり、せかしたりせずに、子どもが話すペースを尊重してあげましょう。

質問をするときは、「閉じた質問」と「開いた質問」を組み合わせるといいでしょう。

「閉じた質問」とは「はい」、「いいえ」で答えられる質問のことです。

たとえば、「今日は○○くんと遊んだの？」「宿題は終わったかな？」「もう歯を磨いた？」といった質問です。

「開いた質問」とは、「いつ？」「どこで？」「誰が？」「何を？」「なぜ？」「どんなふうに？」のように、具体的に答えを話す必要のある質問のことです。

たとえば「今日はどこに行ってたの？」「誰とサッカーをしたの？」「いつ宿題を始めるの？」といった質問です。この場合、子どもを追及しているように受け取られないように、使い方を気をつけてください。

「開いた質問」をうまく使うと、子どもは自由に話すでしょう。「閉じた質問」は、こちらの考えを推量して、相手に伝えることもできます。「本当は、サッカーが好きじゃないんじゃないの？」のように。推量が当たっていれば、子どもの本当の考えを聴くきっかけにもなります。

特に、子どもから相談を受けたときなどは、このようにしっかりと話を聴いてあげましょう。**話を聴くだけでも、十分に「勇気づけ」になるのです。**

そのうえで、お母さんの意見（アドバイス）を伝えるといいでしょう。

ただし、あくまでアドバイスであって、強制をしないように注意してください。そのアドバイス通り行動するかしないかは、子どもが判断するしかないのです。

ときとして、子どもは、お母さんのアドバイスよりも能率の悪い方法でやろうとするかもしれませんが、それはそれとして、優しく見守ってあげればいいのです。いろいろなことを経験しながら、子どもは少しずつ成長していくのです。

また、子どもに何かをしてもらいたいとき、命令口調で話さないほうがいいでしょう。命令口調は即効性があり、てっとり早いため、使いたくなるかもしれませんが、それでは「タテの関係」が生まれてしまいます。

「ヨコの関係」で、ていねいな言葉で頼んでみましょう。そのとき、お願い口調を使うといいでしょう。そのとき、理由も添えると、さらに効果的でしょう。

命令口調とお願い口調のサンプルを、以下に挙げておきます。

Point

お願い口調と命令口調

〈命令口調〉

「〜しなさい」「〜してください」

「〜をやめなさい」「〜するな」

※「〜してね」というのも、言い方はていねいだが、命令口調。

〈お願い口調〉

「〜してもらえる?」「〜してくれない?」

「〜してくれるとうれしいな」「〜してくれると助かるな」

「開いた質問」と組み合わせて、

「どんなふうにお手伝いをしてもらえるのかな?」

という使い方もできます。

「早く宿題をしなさい！」

これは命令口調で一方的ですね。子どもはムッとするかもしれません。ですから、

「寝るのが遅くならないか心配だから、そろそろ宿題を始めてくれるとうれしいな」

と、理由を添えてお願い口調で話すとどうでしょうか。これだと、子どもの感情を害することはないですね。

かといって、宿題をやるかどうかは子どもが決めることです。

もし、「ノー」を言われたら、いったん引きさがりましょう。

接し方のキーワード

②「権力争い」はやめよう

子どもと感情をぶつけ合っている状態を、「権力争い」といいます。たとえば、言い合いやケンカなどの行為を指します。子どもが思い通りに動いてくれないからといって、言い争いをしたり、ケンカをすれば関係が悪化するだけです。

「権力争い」は相手との人間関係がこじれやすく、後々、深刻な状況に発展する可能性を

生みやすいのです。

「権力争い」の状態に陥ったとき、最も大切なことは、「権力争いから降りる」ことです。カッとしてやりあうと、「権力争い」はますますエスカレートします。

もし、「やりあっている」と感じたら、すぐに争いから降りてください。「黙って待つ」だけでも構いません。話をこじらせないためにも、黙るだけでも勇気ある対処の仕方だといえます。「その場を離れる」というのも有効。お互い頭を冷やす時間も必要です。前もって、「もし言い合いになって、感情的になりそうなときは、お母さんは自分の部屋に引き下がるから、ついてこないでね」というように、子どもに伝えておいてもいいと思います。

権力争いになったとき、または、なりそうなときは、「子どもに感情をぶつけていないか？」「子どもと協力しようとしているか？」「勇気づける方法を探しているか？」と、自問してみましょう。

言い争うのではなく、協力的な解決方法を探さなければ、相手との関係はいい方向へ進みません。これは子どもとの関係も、夫婦の関係も同じです。

Point

アドラー心理学の鉄則
権力争いはしないこと。

接し方のキーワード

❸感情的にならずに、理性的に子どもを導く

考え方のキーワードで「褒めない、叱らない」というのがありましたが、感情をぶつけて子どもに言うことを聞かせるのではなくて、理性的に子どもを導くというのが、アドラー心理学の考え方の大きな柱なのです。算数や数学を学ぶと論理的な思考力を訓練できますから、そういう意味では、算数とアドラー心理学は相性がいいといえます。

ではここでは、感情に振り回されないための「感情をコントロールするコツ」をお伝えいたします。

❶感情に気づく

カチンときたときはマイナスの感情を抜かなければ冷静に対応することはできません。

とはいえ、感情は瞬間的に生み出されます。怒っている最中に「あっ、私はいま怒っている」と自覚することは難しいでしょう。

気づきにくいことですが、**もし、自分が怒っている状態に気づいたときは、「相手に感情をぶつけない」ことを最優先してください。**感情をぶつけあうと、「権力争い」にはまってしまいます。自分が怒っていることを常に気づけるように、訓練するといいでしょう。

❷冷静になる

「あっ、今怒っている」と気づいたら、気持ちを落ち着け、冷静になるように努めます。深呼吸をするのもいいでしょう。その場を離れても構いません。「その場を離れるのは、子どもから逃げるみたいで嫌」という人もいますが、感情をぶつけ合うよりは、いったん引っ込んだほうが、よっぽどいいのです。これを「**積極的タイムアウト**」といいます。

❸感情の目的を把握する

「この感情は何のために生まれているのだろう？」と自分に問いかけてみてください。感情の目的を把握し、感情を使っても目的は達成できないことを理解すると、別の有効な手段を考えようと気持ちを切り替えることができます。

❹感情の奥底にある悲しみや寂しさ、愛に気づく

怒りや不安などが生じるということは、相手に何かを期待している証拠です。まったく興味のない相手なら、何の感情も生じません。

感情の裏側には、悲しみや寂しさ、愛情が潜んでいることが多いのです。すなわち、子どものことが好きだからこそ、感情的になってしまうのです。

「感情は『愛』である」ことを理解しておくといいでしょう。そのうえで、もっと理性的な伝え方を考えればいいのです。

接し方のキーワード

❹不適切な行動に注目しない

子どもの不適切な行動に注目して注意ばかりしていると、お互いにマイナスの感情にとらわれてしまいます。不適切な行動には注目しないようにしましょう。

逆に、子どもが少しでも適切な行動をしたら、そこに注目して「勇気づけ」をします。

人は不思議なもので、せっかく子どもが適切な行動をしていても、なぜか不適切なところに注目してしまうのです。不適切な部分に注目すると、勇気をくじいてしまいます。

たとえば、子どもがテストで95点をとったとします。そのとき、「あと5点だったのに」なんて言葉をかけたとしたら、せっかく95点もとったのに、子どもは「喜び」より「悔しさ」を感じてしまいますよね。

たった5点のマイナスを責めて、ダメ出しをしないであげてください。

95点というプラスの部分に注目して、一緒に喜んであげてください。

Point

子どもの不適切な行動に注目しない。
「ダメ出し」をしない、「ヨイ出し」をする!

例 子どもが野菜を食べようとしないとき

×「ニンジンも食べなきゃダメじゃないの! 肉ばっかり食べて!!」

○「お肉を食べて力をつけなきゃね。
そういえば、明日はテニスの試合だったね。頑張って！」

不適切な行動ではなく、どんなことでもいいので適切な行動に注目しましょう。1日24時間、ずっと不適切な行動をしているわけではありません。適切な行動が増えていけば、結果的に、不適切な行動が減っていくものです。

Point

たった5％を見て「ダメ出し」をするのではなく、95％のところを見て、「ヨイ出し」しよう！

不適切なところに注目せずに、適切なところに注目するということを算数でも意識してみましょう。たとえば、次のような問題を考えてみます。

〈問題〉「11111×11111」を計算しなさい。

答えは次のようになります。

$$
\begin{array}{r}
11111 \\
\times 11111 \\
\hline
11111 \\
11111 \\
11111 \\
11111 \\
11111 \\
\hline
123454321
\end{array}
$$

数字の並びが、とてもきれいに感じませんか？
こんなとき「わっ、すごいね！」とお子さんに声をかけてみてください。
このようなちょっとしたことで、お子さんは算数に興味を持つものです。
では、以下のような式はどうでしょうか。

●「9」で割ると…

1÷9＝0.111111111 ……
2÷9＝0.222222222 ……
3÷9＝0.333333333 ……
4÷9＝0.444444444 ……
5÷9＝0.555555555 ……
6÷9＝0.666666666 ……
7÷9＝0.777777777 ……
8÷9＝0.888888888 ……

無限に同じ数が続いていく。なんだか不思議ですね！　ぜひ、お子さんに「不思議だね」と一言かけてあげてください。

実は、このような規則性は2ケタや3ケタ以降でもいえます。

●2ケタや3ケタ以降もいえる

23÷99＝0.2323232323……

75÷99＝0.7575757575……

624÷999＝0.624624624……

862÷999＝0.862862862……

1234÷9999＝0.12341234……

9753÷9999＝0.97539753……

ここまでくると、算数マジックですね！

9で割るというのは、とても不思議なことなのです。

接し方のキーワード

5 失敗を尊重しよう

人から間違いを指摘されても、なかなか頭に入りませんが、自分で見つけた間違いなら、次からは、間違わないように意識できるものです。それに、「人は失敗から学ぶ」といいます。失敗しても、全然かまわないのです。それくらいの大らかな気持ちで、子どもの失敗と向き合いたいものです。

以前、私の一般向けの算数セミナーに参加してくださったお母さんで、ご自身が算数が得意だったため、つい子どもにイライラしてしまっていた方がいます。

ある日、そのお母さんがスイミング教室に行ったとき、観覧席で算数の勉強をしている親子がいたそうです。

観覧席のお母さんから子どもを叱責する声が聞こえてきました。

「〝＝〟が抜けてる！　何で先に〝＝〟を書かないの！」

「なんて書いているかわからん！　書き直し‼」

「こんな問題に、どれだけ時間かかってるねん！」

「そんなにダラダラするんやったら、もう1枚増やすで‼」

そんなヒートアップした様子を見て、そのお母さんは、「自分も似たようなことを言っているなあ……」と、ハッとしたそうです。

そんなとき、私の算数セミナーを受けてくれました。

セミナーの後、そのお母さんは、

「今ここで、そんなに躍起にならなくても、もっと〝おおらか〟でいいのかも」

「小さなことにとらわれすぎていたら、もっと壮大で神秘的で温かいものが見えてこない、感じることができない」

と思ったそうです。

そして後日、

「私が変われば、息子も変わる。セミナー参加後のここ数日は、夕方の『お勉強タイム』に私の罵声が飛ぶこともなく、平和でスムーズです」

と報告してくれて、私は安心しました。

失敗は誰でも当たり前にすることです。算数の問題が解けないのも当たり前にする失敗のひとつにすぎません。

大らかな気持ちで子どもと接しましょう。

子どもが失敗したときこそ、「勇気づけ」するようにしましょう。

キーワードでわかる！子どもとの関係の築き方

築き方のキーワード

❶「相互尊敬」と「相互信頼」

親子のいい人間関係を育むために、アドラー心理学では上下関係のような「タテの関係」ではなく、「ヨコの関係」を尊重します。

具体的に「ヨコの関係」を築くには、どうすればいいのでしょうか？

それには「相互尊敬」と「相互信頼」が必要になります。

相互尊敬

親と子どもは平等です。お互いに尊敬し合うことで、よりよい関係が生まれます。

親が子どもを尊敬するというと、違和感があるかもしれません。しかし、子どもはかけがえのない存在です。親は子どもに対して尊敬し、敬意をもって接するべきなのです。

たとえば、子どもが毎週日曜日、サッカーの練習があるとします。雨の日も風の日も、毎週かかさずサッカーの練習に行っていたとしたら、「すごいなあ、尊敬するなあ」という気持ちが芽生えませんか。

お母さんは、お子さんの尊敬できるところを、見つけてあげてください。どんなささやかなことでもいいのです。

相互信頼

親が子どもを信頼し、子どもも親を信頼する。**それが「相互信頼」です。**

「信頼」とは強く厳しい意味を持った言葉です。

たとえば、「子どもが約束を破った」からといって、不信感を抱くようでは信頼しているといえません。つまり、「いい子だから信頼する」「約束をやぶったら信頼しない」というような**「条件つき」の信頼ではなく、「無条件」の信頼が大切なのです。**

子どもは自分が信頼されていることを感じることで、親に心を開いてくれるのです。

「相互尊敬」と「相互信頼」においては、「相互」とあるように、お互いが尊敬し合い、信頼し合える関係を築くことが大切です。それが「相互」という意味です。

とはいうものの、子どもと親がお互い「同時に」尊敬し合える、信頼し合えるとは限りません。そんなときは、**「まず、自分から」**相手を信頼し、信頼しましょう。

アドラー心理学では、相手に求めるのではなく、まず自分から行動することを教えています。

あなたは、お子さんを尊敬していますか？

あなたは、お子さんを信頼していますか？

一度、振り返ってみてください。もし、「そういえば、尊敬ということを忘れていたなぁ」「信頼してなかったなぁ」と感じたときは、「あなたから」お子さんを尊敬し、信頼してあげてください。

子どもを成長させるためには、親の成長も必要です。ともに成長していかなければ、意味がないのです。子どもが成長し、お母さんも成長する、そして共に輝いていきましょう。

築き方のキーワード

❷子どもをリスペクトしよう

お子さんを尊敬するためのコツを、ここではお伝えします。

日本語で「相手を尊敬する」というと、どうしても上の人を尊ぶというような「タテの関係」のニュアンスが含まれてしまい、堅くなってしまいます。

親子の関係といえども、アドラー心理学ではあくまで「ヨコの関係」を大切にします。

そんなことから、岩井俊憲さんは「尊敬」という日本語よりも、「リスペクト」という英語を使うことを勧めています。日本語で「尊敬」というよりも、英語で「リスペクト」という方が、柔らかなニュアンスに感じられるからです。

"respect"

は、「re（もう一度）+ spect（見る）」という2つの単語が組み合わさった言葉です。

語源に戻ると、「相手をもう一度よく見る」という意味になります。

英語の語源を見るだけでも、「タテの関係」は含まれておらず、フラットなニュアンスで使いやすい言葉だということがわかります。

「親が子どもをリスペクトする」というのは、おかしなことではないのです。

ですから、「尊敬」でもいいのですが、少し堅いと感じたら、「リスペクト」を使うようにしてみましょう。それに、「〇〇さんをリスペクトしています」というように、リスペクトという言葉自体、もうずいぶん日本に浸透しています。

先の岩井俊憲さんも、相手に怒りをぶつけそうになったときには、

「リスペクト、リスペクト、リスペクト」

と、3回呪文のように、心の中で繰り返すといいといいます。

ですから、お子さんに対して、カッとなったときには、ぜひ「リスペクト」を3回心の中で繰り返してみましょう。マイナスの感情を子どもにぶつけることに意味はないのです。

これは夫婦関係など、人間関係全般でもいえることです。パートナーにマイナスの感情をぶつけそうになったときも、心の中で「リスペクト」とつぶやいてみてください。

Point

●カッとなったときは……

➡「リスペクト、リスペクト、リスペクト」と、心の中で3回呪文のように唱える。

築き方のキーワード

③「協力」と「目標の一致」

「相互尊敬」と「相互信頼」にもとづく関係が育まれてきたと感じたなら、いよいよ算数を教える段階に進めます。関係が悪いのに、算数を無理やり教えても効果はありません。

アドラーの弟子のルドルフ・ドライカースは、アドラー心理学を教育に生かすべく、アメリカで積極的に活動をしました。

そして、ドライカースは、子どもに何かを教えるときには、**「相互尊敬」「相互信頼」「協力」「目標の一致」**の4つが重要であると考えました。

子どもとの関わりの中で「なぜかうまくいかない」「話し合っても、しっくりこない」と感じたとき、振り返ってみると、これらの4条件を満たしていないことが多いのです。

これは子育てだけでなく、夫婦関係や人間関係全般にいえることです。この4つを意識し、実践することで、豊かな人間関係を築くことができます。

「相互尊敬」と「相互信頼」については、先ほどお伝えしましたね。それでは、「協力」と「目標の一致」について見ていきましょう。

・協力

「協力」という英語の語源は、

〝co-operation〟というものです。

つまり、「一緒に作戦を立てて、一緒に実行する」という意味です。アドラー心理学では親と子どもが相談をして物事を決めていく、「話し合いの子育て」を推奨しています。

家庭では、親がすべてを決めて子どもをリードしていかなければならないと思い込んでいる人が少なからずいます。はたしてそうでしょうか？

親がすべてを背負い込むのではなく、子どもと協力をしながら物事に取り組むことで、よりよい関係を築くことができるのです。

・目標の一致

子どもと協力をしながら物事に取り組むとき、共通の目標を定め、お互いが了解していないとうまくいきません。お互いが協力できそうなところを相談し、計画を立てて、実行していくのです。

たとえば、子どもから「算数がよくわからない」と漠然と言われても困りますよね。そうではなく、「算数のドリルが、毎日できずに困っている」と具体的に言われると、それが共通の目標になるわけですから（目標の一致）、一緒に解決策を考えやすくなります。

共通の目標を立てて、子どもと協力することが大事なのです。

「相互尊敬」「相互信頼」「協力」「目標の一致」の4つを満たす人間関係を**「相談的人間関係」**といいます。子どもと相談して、一緒に物事を進めていくには、この4つの条件を満たしていることが大切なのです。

いきなり勉強を教えようとする前に、まずはこの4つからスタートしてみてください。

順番としては、まずは「相互尊敬」と「相互信頼」から始めましょう。次に、協力し合える関係。そのうえで、子どもと「目標の一致」をはかり、相談しながら決めていく。それがアドラー心理学に基づく「子どもとの付き合い方」なのです。

Point

●「お母さん、算数が分からなくて困ってる」と言われたら……

⬇もう少し具体的に目標を設定する（目標の一致）。

第2章

お母さんも算数に親しもう

本章では、お子さんだけでなく、
お母さんにも少しでも算数に興味をもってもらうため、
算数との接し方についてお話しします。
アドラー心理学を介した算数との触れ合い方を、
数学者の楽しいエピソードなども交えて、
紹介していきます。

算数をより理解するためのアドラー心理学のキーワード

アドラー心理学のキーワード

❶結果ではなくプロセスを見る

今の社会は、プロセスより結果ばかりに目を向けるようになってきています。そして、その風潮はますます進んでいるように思えてなりません。

以前は、「オリンピックは参加することに意義がある」という言葉がよく言われていました。しかし、今は、実際にとれたメダルの数など、結果にばかり注目する傾向があります。

しかし、算数に親しむために必要なのは、結果ばかりでなく、「プロセスに注目する」と

いう視点なのです。

たとえば、一生懸命勉強したうえで臨んだ算数のテストの結果が30点だったとします。そんなとき、「たった30点なの！」と、お母さんのほうが、ガッカリしたり、怒ったり、はっぱをかけたりするかもしれません。極端なリアクションしかとれないのは、結果だけを見て判断してしまっているからです。

たとえ30点でも気にしないこと。それより、

「今回は、一生懸命頑張っていたね」

とプロセスに注目して勇気づけてあげましょう。

そのとき、お母さんは点数のことを気にしないようにしてあげてください。もし気になったとしても、表情に出さないように振るまいましょう。お母さんが気にしていることは、子どもにも確実に伝わります。

まったく勉強をしていないのならともかく、一生懸命努力をしているのなら、どこかで成績は向上すると思います。ゆったりとした気持ちで見守ってあげましょう。

勉強というものは、ちょっとやったからといって、すぐに結果に結びつかないものなのです。暗記科目なら、まだ暗記したところがテストに出たら点数につながりますが、算数

や数学の成績はすぐには結果に現れないものなのです。

算数や数学は「積み重ね」の教科。こつこつ積み重ねていかなければ点数にはつながりません。そこが算数の厳しいところです。

「焦りは禁物」という言葉があります。算数の勉強は、短距離ランナーではなく長距離ランナーになったと思い、焦らずに進んでいきましょう。

「結果ではなくプロセスを見る」

それはアドラー心理学の「勇気づけ」にもつながりますし、算数の勉強にもマッチした視点なのです。

アドラー心理学のキーワード

❷ 原因ではなく目標を見る

私たちは何かあると、つい原因が気になります。人間、原因を追求するのが好きな生き物のようです。原因を考えるのもいいのですが、そこにばかり注目していると、ネガティブな気持ちに満たされてしまいます。

たとえば、子どもが何か失敗をしたとき、「どうしてこんなことになったの！」「原因を考えなさい」「それでも反省しているの！」などと責め立てたとしたらどうでしょうか。失敗をして落ち込んでいるときにこんな言葉をかけられたら、さらに暗い気持ちになってしまいます。子どもを暗い気持ちにさせるために叱っているわけではないはずですよね。

「次からどうすればうまくいくと思う？　お母さんと一緒に考えてみようか」と優しく声をかければ、子どもも失敗したことを反省して、次からどうすればうまくいくのかを考えるようになります。

悪い原因を探すのではなく、目標に注目するようにしましょう。

これは決して、失敗した原因を振り返るのがよくないと言っているのではありません。同じ失敗を繰り返さないためにも、失敗した理由を理解しておくことは必要でしょう。ただ、原因ばかりを追求しすぎて、子どもをネガティブな気持ちに追い込むことがよくないと言っているのです。

「なぜこんなことになったのか考えなさい」「あやまりなさい」「反省文を書きなさい」など、もしかしたら私たちは、原因を追及するような教育を受けてきたのかもしれません。しかし、今の時代、そのような相手を追いつめるような教育はふさわしくありません。

失敗した理由を理解しておくなど、反省が必要なときは反省をしてもいいのですが、反省をした後は、パッと気持ちを切り替えて、前を向いて進むことを心がけましょう。

いつまでも反省の渦に巻きこまれていても、問題は解決しません。反省ばかりして原因を探るよりも、

「目標を設定する」

「それを達成するにはどうすればいいかを考える」

と、ポジティブな方向にエネルギーを使うようにしましょう。

アドラー心理学のキーワード

❸「負の注目」ではなく「正の注目」をする

誰だって自分のことを悪く言われたら嫌ですよね。ムッとしたり、落ち込んだり、言ってくる人のことが嫌になったり……。とにかくいい気にはなりません。「あなたのことを思っているからこそ言うのよ」と言われても同じです。

いくら相手のことを思って言ったとしても、相手の悪い部分に注目して言葉をかけると、そこにはネガティブな感情が生じます。ですから、子どもと接するとき、「正の注目」をす

るようにします。

「正の注目」とは、相手の行動に対して、プラスの感情をもって関心を示すことです。

「うまく出来てよかったね」「あなたのおかげで助かった」「ありがとう」「頑張ったんだね！」「あなたに励まされたわ」などの言葉がけのことをいいます。

一方、「負の注目」とは、相手の行動に対して、マイナスの感情をもって関心を示すことです。

「ちゃんとしなさい」「あなたは何もできないのね」「反省しなさい！」「どうしてこんなことをするの」「努力がたりない」などの言葉がけのことをいいます。

子どもに「負の注目」をすると、お互いにマイナス感情が出てきて、子どもとの関係がギクシャクしてしまいます。ふだんから、「子ども」に「正の注目」をするようにしましょう。子どもの行動を受け流して見ずに、プラスの側面を見るようにするのです。

人間、相手の短所には目が行きやすいのですが、長所は意識しないと見えないものです。どんなささやかなことでも構いません。子どものよいところに注目するようにしましょう。当り前のようなことでも当たり前と思わずに、「正の注目」を注ぐことが大事なのです。

たとえば、朝、普通に起きてきて朝ごはんを食べているだけでも、「ちゃんと起きてくれてよかった」「朝ごはんも食べて、規則的な生活をしていて、よかった」と感謝の気持ちを持ってみましょう。

子どものいいところを探すのは、宝さがしのように貴重なものなのです。

Point

「正の注目」は、喜びや優しさ、「勇気づけ」につながる。「負の注目」は、怒りや不安、「勇気くじき」につながる。

例 成績が悪かったとき……

つい、結果にばかり注目していませんか？

× 「この結果は何なの！　世の中、結果がすべてよ!!」

○ 「よく努力していたね。努力は人を裏切らないんだよ。これからも頑張ろうね」

⬇結果にこだわらずに、プロセスを見てあげよう。

つい、原因を追究していませんか？

× 「どうしてこんなに悪い成績なの！　原因を考えなさい！　反省が足りない！」

○「どうすればいいと思う？　どうやって勉強したらいいか、一緒に考えようか？」

⬇原因ではなく目標を考えて、前向きな改善策を一緒に考えよう

ついマイナスなところを見ていませんか？

×「だからあなたはダメなのよ。この前も失敗してたよね！」

○「ママは○○くんの素直なところが好きだよ」

⬇「負の注目」ではなく「正の注目」。プラスの面を見て、勇気づけよう。

子どもと一緒にお母さんも算数に「正の注目」をしよう！

お母さんは算数はお好きですか？

私が自己紹介などで「専門は数学です」と言うと、「数学は苦手です」「嫌いです！」「大嫌い‼」と反応される方がかなりいます。どうも数学に苦手意識をもっている人は多いようです。

「私は数学が苦手だけど、子どもは大丈夫かしら？」と心配しているお母さんも多いのではないでしょうか。

その心配はわかります。実は、**「親の意識は、知らず知らずの間に子どもに伝わる」**のです。

したがって、お母さんが何気なく「算数が嫌い」と言うと、その言葉は無意識のうちに子どもに伝わってしまいます。そんなちょっとした一言で、子どもの算数への気持ちが後ろ向きになってしまうのは残念なことです。

それに算数が嫌いというのは、算数に対して「負の注目」をしているということです。逆に、算数に対して、「正の注目」をしてみませんか。

お母さん自身が、ほんの少しでもいいので算数や数学に前向きな気持ちになれたら、子どもに対していい影響を与えるのです。

「そんなことを言われても、私は算数が苦手なんです」というお母さんもいるかもしれませんね。でも、安心してください。これから何も難しい話はしません。算数の苦手なお母さんにも実践できることを、お伝えしていきます。

本書では、算数の内容というより「算数との接し方」や「子どもとの接し方」を中心に書いています。本書を通して、子どもの算数力を育てるコツをつかんでください。

お母さんのちょっとした心がけで、子どもとの関係、家庭の雰囲気などが目に見えないところで無意識に変化します。子どもにいい影響を与え、子ども自身が前向きな気持ちで勉強に取り組めるようになるのです。

では具体的に、どうすればいいのでしょうか。最初に、子どもが算数を好きになるためのお母さんの3つのコツをお伝えします。

アドラー心理学では、子どもが算数を苦手なのは、「勇気をくじかれているからだ」という視点から考えます。

勇気がくじかれて算数が苦手になったわけですから、逆に勇気づけをすることで算数を好きになれるようにアプローチします。

お母さんもお子さんも算数に対して、ポジティブな気持ちでいられたら素敵ですね。

子どもが算数好きになる3つのちょっとしたコツ

お母さんのちょっとした気持ちの持ち方で、子どもも算数を好きになれます。その秘訣をお話しします。何も難しいことはなく、ちょっと意識するだけで、今すぐ実践できることです。

コツをお話する前に、もう一度この章のこれまでのキーワード、「結果ではなくプロセスをみる」「原因ではなく目標をみる」「『負の注目』ではなく『正の注目』をする」を思い出してください。

お子さんが「算数を学ぶ」というプロセスに意識がいくように。

お子さんの「確かな数学力を養う」という目標に向けて。

「算数は楽しい」と、算数に対して「正の注目」ができるように。

以下にお話しするのは、これらが実現できるようにするための、お母さんのさりげないコツです。

コツ❶ 算数や数学という言葉を聞いても、「笑顔」でいよう

何気ないことに思えますが、これが大事なのです。

もし、「算数」という言葉を聞いたとき、お母さんが一瞬でも「苦手！」というような渋い表情をすれば、それは子どもに伝わります。「あっ、そうか。算数は難しいんだ」と子どもは無意識のうちに信じるようになります。「算数は難しい」と思い込んでいては、成績がよくなるはずがありません。

逆に、「算数」という言葉を聞いたとき、お母さんが笑顔でいられれば、子どもにもよい影響が出ます。

「算数って楽しそう」とお母さんの表情から伝わったら、子どもに無意識のうちにプラスに働くのです。つまり、算数に対して「正の注目」をするわけです。

「心の底から算数や数学が嫌い」というお母さんの場合は、笑顔とまではいかなくても、苦い表情をせずに普通の表情を心がけてください。お母さんも算数に親しんで、楽しい経験をするのがいちばんいいのですが、無理は禁物です。少しずつ算数に触れあってみましょう。

コツ❷ 楽しく数の話をしよう

お母さんと子どもが楽しく数の話をすることで、子どもの数への関心を引き出すことができます。

数の話といっても、難しいことを話す必要はありません。就学前の子どもなら、

「今、何時？」

「今日は21日」

などと、時間や日にちをちょっと意識すればよいのです。そうすることで、自然と数に親しみを覚えます。

小学校に上がったら、お店に行ったときのレシートに書かれている代金やおつりなど、日常の簡単な数の話題を意識すればよいと思います。

一緒に算数の勉強をしなくても、お母さんと数の話をちょっとするだけで、「数は楽しい」という感覚や感性が身につくのです。

コツ❸ 数の仕組みを意識してみよう

日常の中で簡単な数の仕組みを意識してみましょう。もちろん難しく考える必要はありません。

たとえば、買い物のとき、「30％引きはいくら？」「それはなぜ？」という日常の範囲で

十分です。スーパーなどで「30％引き」と書いてあっても、意外とすぐには計算できないものです。

日常生活で割合の計算方法や考え方などを経験することで、算数で割合を学ぶことに抵抗がなくなり、自然に算数の考え方が身につきます。

さりげない会話でも十分ですから、日常で算数に触れる機会があれば、子どもにとっていい経験になります。

そんなところから、数に対して考える習慣が、数学の思考力へとつながるのです。

お母さんのちょっとした気持ちの持ち方で、子どもが算数を好きになる心得をお伝えしましたが、まとめると次のようになります。

Point

❶算数や数学という言葉を聞いても、「笑顔」でいよう。
❷楽しく数の話をしよう。
❸数の仕組みを意識してみよう。

あらためて3つを眺めてみて、あなたはどうですか？

ふだんの生活でできていないかもしれません。

簡単に見えて、意外とできていないかもしれません。算数や数学が「難しい」というイメージがあると、なかなか笑顔にはなれないものなのです。

でも、これらの3つを意識すれば、子どもは少しずつ変わってきます。

何より大切なのは、この3つを意識することで

「長い目で見た算数力」

を育てることにつながることです。

目先のテストの点数を気にするのではなく、長い目で見たときに子どもの算数や数学の力がしっかりと培われることになるのかどうかを意識してください。

お母さんのちょっとした気持ちの持ち方でできることですから、ぜひ心がけてみてください。

お母さんの算数とのつきあい方

先ほどは、お母さんの算数への「気持ち」について書いてきました。ここでは、お母さんの算数との「つきあい方」についてお話ししたいと思います。

お母さんも算数に触れるようにすると、子どもに教えたり、一緒に勉強ができたり、「楽しい算数ライフ」を送ることができます。

お母さんの算数とのつきあい方の心得を具体的に挙げてみると、次の通りになります。

つきあい方❶ 算数に触れてみよう

子どもに算数を教える前に、お母さん自身も算数に触れてみることをお勧めします。

算数の本を買ってきたり、パズルのナンバープレースを解いたり、どんなことでも構いません。忙しいかもしれませんが、時間を見つけて算数に触れてみましょう。

時には、お茶を飲み、お菓子を食べながら、リラックスして算数の本を読むのはいかがでしょうか。私自身は、音楽をかけて、ハーブティーを飲みながら数学をするのが好きです。

お母さんにも、**そんなリラックスした気持ちで算数と向き合う感覚**をつかんでほしいと思います。

つきあい方❷ お母さんも算数の教科書を読んでみよう

大人からすると、今さら算数の教科書なんて読まなくても、内容はわかっていると思われるかもしれません。

とはいうものの、お母さんも算数の教科書を読んでみるのは、有効な方法です。

教科書はとてもよくできています。特に算数は、論理的な組み立てを保ちながらも、正確な用語を使い、絶妙な流れになっています。大人が読んでも、新たな発見があるものです。

何もはりきってガリガリ読む必要はありません。**パラパラとでいいので、教科書を眺めてみましょう。**

中学や高校の数学の教科書は数式だらけで、読みこなすのは大変ですが、小学校の算数の教科書は絵や図も多く、楽しく読むことができます。

つきあい方❸ 気になったところをじっくり考えてみよう

教科書をパラパラ見ているうちに、興味深そうなことや気になることが出てきたら、少し考えてみましょう。大人になって算数はわかったつもりになっていても、教科書を眺めていると、意外と新たな発見があるものです。

勉強というより、「たまには違う視点でモノを見る」くらいの気持ちで、算数と接してみましょう。

そうすることで、きっと何か気づきがあるはずです。

つきあい方❹ 時には紙を使って書いてみよう

算数の計算は紙を使って計算しないと、なかなかピンとこないものです。教科書を眺めていて、気になることが出てきたら、ときには紙を使って計算してみましょう。

つきあい方❺ 発見したことを、子どもに話してみよう

算数の教科書を読んだりして、新しい発見があったら、子どもに話してみましょう。子どもが興味深く聞いてくれたら、うれしいですね。

気をつけたいのが、子どもが興味なさそうだとしても、気にしないということです。そんなときは別の機会をうかがいましょう。無理に話をしても仕方ないですから。

Point

お母さんの算数とのつきあい方の心得

❶算数に触れてみよう。
❷お母さんも算数の教科書を読んでみよう。
❸気になったところをじっくり考えてみよう。
❹時には紙を使って書いてみよう。
❺発見したことを、子どもに話してみよう。

子どもに声かけするときは原因でなく目標を見よう！

算数を学ぶときは「ゆっくり」でいい

子どもが算数や数学と付き合うときも、基本的には冒頭の３つのキーワードを意識することが大切です。

算数の学びに対しては、「算数のプロセスを大事にする」。

気持ちのうえでは、「算数に対して、正の注目をする」。

そして、もし思ったような成績ではなかったとしても、原因を追究しすぎてネガティブな気持ちになるのではなく、「目標を見て前向きに勉強をする」。

そんな姿勢が大事なのです。

それらを基本としたうえで、さらなる算数との付き合い方を見ていきましょう。

お母さんがお子さんに声かけをするポイントは、「目標を見る」ということです。

キーワードのところでもお話ししましたが、「原因は何なの？」「反省しなさい！」「あやまりなさい！」などと原因追及をして、子どもを追いつめてはいけません。

何も原因を知らなくてもいいと言っているわけではありません。同じ失敗を繰り返さないためにも、ときには原因を知っておくことも必要です。

ただ、原因（理由）がわかったら、サッと気持ちを切り替えて、前を向いて（目標を向いて）進んでいきましょう、ということを言いたいのです。

ここからは、子どもが算数に取り組むときの姿勢についてお話しします。

最初に、子どもの「気持ち」についてです。

これまでも書いてきましたが、算数のことを「難しい」とか「嫌い」と思い込んでいたら、どんなに頑張ってもよい結果は出ません。ですから、算数が好きならよいのですが、そうでなくても、算数に対して「フラットな気持ち」を持つことが大切です。あまり子どもに「算数や数学は難しい」という先入観を持たせないように気をつけましょう。

算数に対して、リラックスした気持ちで臨んでもらうようにしましょう。

そして、気持ちを整えて、いざ問題に取りかかるときは、できるだけ「考える」ことを意識するように心がけます。

最初はリラックスしていても、算数に夢中になるうちに熱くなってくるかもしれません。そうなったら、しめたものです。

算数では「九九」のような暗記の部分もありますが、基本的には「考える」姿勢が大切です。ゆっくり「考える」ということを意識して、問題に取り組むことで、数学的なセンスが身につくのです。

算数を学ぶときは「ゆっくり」でいい。

お母さんは、それを忘れないでください。

つい結果ばかりに意識がいき、「急ぎなさい」「早く終わらせなさい」「いつまでやっているの！」などと声をかけたら、どうでしょうか？　子どもが委縮してしまいますよね。

それに、急ぐあまりあやふやな理解のまま先に進むことが、算数ではとても危険なことなのです。**なぜなら、算数は積み重ねの教科だからです。**

ゆっくりとでもいいので、確実に理解しながら進まなければ、途中でつまずいてしまいます。途中でつまずくと、わからないことがどんどんたまってきます。わからない状態でどんなに急いでも、空回りするだけで効果はありません。

「すべての問題を暗記すればいい」と思う人もいるかもしれませんが、それはもはや算数や数学ではありません。それでは応用が効かないので、もし覚えていない問題に出会ったときは、解けないことになります。応用力が育たないということです。

ですから、算数や数学では、じっくり粘り強く考える習慣を身につけることが大切なのです。

また、お母さんの算数とのつきあい方と同じで、子どもの日常生活の中でもパズルなどの算数的なものに触れたり、教科書を眺めて気になったところを考えてみたり、紙を使って計算したり、ゆったりした気持ちで算数とつきあえたらいいでしょう。

子どもはどうしたら算数を楽しめる？

親としては点数や成績が気になるかもしれませんが、それより子どもが算数を楽しんでいるかどうかを気にかけてあげてください。イヤイヤ算数をしていても、内容が身につきません。楽しければ、自然に算数をするようになるものです。

それでは、子どもが算数を楽しむためには、どうすればよいのでしょうか？

これは重要な問いかけです。私は思うのですが、結局、つきつめていくと、

「算数の問題が解ければ楽しいし、解けなければ嫌いになる」

ということだと思います。

つまり、「問題が解ける」「解けない」にかかっているように感じます。

プロローグでも述べましたが、やさしい問題でいいので、とにかく「解ける」経験を積むことが大事なのです。

「問題が解けることで算数が楽しくなり、算数が楽しくなることで考えることが楽しくなる」

そんな循環を作ることができたら最高です。

というわけで、**問題が解けないときは、解ける問題まで戻ってください。**

もっと前の学年の教科書に戻っても、まったく問題ありません。

「あやふやなまま進まない」

「とにかく理解しているところまで戻る」

「戻って、もう一度じっくり考える」

そうすることで、前を向いて算数をすることができます。戻る勇気を持ちましょう。

子どもが算数の問題にワクワクした気持ちで取り組めるようになってくれたら、うれしいですね。

「寝食を忘れて、算数を楽しむ」というと、大げさかもしれませんが、子どもがそれくらい算数に親しんでくれることが理想です。

1707年、スイスで生まれた数学者レオンハルト・オイラーは日々、数学の研究に邁進していました。彼は、

「**人が息をするように、鳥が空を飛ぶように、オイラーは計算した**」

と言われるくらい、ひたすら数学をしていました。

オイラーは「膝に子どもを乗せて、数学の研究論文を書いていた」といいます。

見えないところで算数の力はついてくる

お子さんが毎日算数をしていても、テストの点数がとれないと、お母さんとしては心配になるかもしれませんね。勉強してすぐに効果が出ればいいのですが、そうとは限らないからです。

ですが、そんなときでも、焦らないでください。

たとえば、種を蒔いて水をやり、じっと地面を眺めていても、芽は出てきません。心配なあまり地面ばかり見ていたり、「なかなか芽が出てこない！」と焦っても仕方ないですよね。

気にせず過ごしているうちに、いつのまにか芽が出ているものです。

算数もこれと同じです。結果に表れるまで時間がかかるかもしれませんが、こつこつ粘り強く算数に取り組んでいるうちに、見えないところで着実に算数の力がついてくるものなのです。

「見えないところで算数の力はついてくる」

ということを心にとめておいてください。

「大切なものは目に見えない」ということをご存知でしょうか。

自然栽培といって、稲を無農薬、無肥料で育てる方法があります。農薬も、肥料も使わないので安心です。ただ、無農薬、無肥料で稲を育てると、最初は成長が遅くて小さい稲しか育ちません。一方、隣の田んぼの普通に農薬を使って育てている稲は、大きく成長しています。

これだけ聞くと、農薬を使った稲のほうが大きくて強いように思われるかもしれません。ですが、無農薬、無肥料の稲は見た目は小さいけれど、地面の下、目に見えない部分でしっかり奥まで根が張っているのです。

根が長く、しっかりしているものだから、途中から農薬を使った稲を追い越して、最終的には大きく立派な稲になるのです。目に見えないところで、じわじわと成長しているわけです。

算数や数学もそれと同じです。最初は、なかなか目に見える点数に結びつかなくても、こつこつやっているうちに、徐々に力はついてきているものなのです。

ですから、焦ってあわてるのではなく、ときには「待つ勇気」も必要だということです。

そのつもりでお母さんは、お子さんを優しく見守ってあげてください。

Point

お母さんの算数との付き合い方の心得

見えないところで算数の力はついてくる。
待つ勇気も必要。

子どもに声かけするときは結果ではなくプロセスを見よう！

「納得するまでとことん考える」ことの大切さ

算数の学習では九九の暗記をはじめ、基礎的なことはしっかり暗記することが必要ですが、そのことを踏まえたうえで、ひとつ述べたいことがあります。

それは「考える」ことの重要性です。「答え」ではなく、「考える」というプロセスに意識を向けてほしいのです。

さらに言うならば、

「納得するまでとことん考える」

ことを大事にしてほしいと思います。

「考える」ことを押しつけるのではなく、本人が疑問に思ったことを、ゆっくりでいいので自分の中にちゃんと落とし込むまでしっかり考えるという習慣を、子どもが養うことが大切なのです。

実は、数学的な素養で重要なのは、計算力や読解力などではなく、「納得するまでとことん考える」ことだと私自身は考えています。

もちろん、九九などはスラスラ言えるように暗記しなければいけませんが、その先の学習では「考える」ことを意識してほしいと思うのです。

きっかけは、算数クイズやパズルでもいいし、長さや面積を求めるような図形の問題でもいいと思います。

数学者の岡潔先生は、

「算数教育は、まだわからない問題の答え、という一点に精神を凝集して、その答えがわかるまでやめないようになることを理想として教えればよいのである」

と言いました。なかなか味わい深い言葉です。

「納得するまでとことん考える」その❶ ～岡潔編～

岡潔先生は、1936年に最初の論文を発表しますが、生涯でわずか10本の論文しか発表していない数学者です。満足のいかない形で論文を発表したくないという思いがあり、ひとつのテーマに対して、とことん考えてから形にしていたのです。

岡潔先生は1つの問題に対して、約2年近くじっくりと考え続けたといいます。とにかくとことん考えるのです。

計算用紙は平均して1日3ページくらい使ったといいます。すると、1年でだいたい千ページ、2年で2千ページの枚数になります。岡潔先生は、この2千ページの内容を20ページくらいにまとめてひとつの論文を仕上げるのです。100分の1に凝縮しているのですね。

それくらいじっくり考えることで、岡潔先生は世界で誰一人解けなかった難問を解決しました。

当時、世界で最先端だったフランスの数学者たちも、はるばる日本の岡潔先生のもとを訪れたといいます。また、その業績があまりにも偉大なので、ヨーロッパの数学者たちはそれがたった1人の数学者によるものだとは信じられずに、「岡潔」というのは、数学者の集まりの団体名だろうと思われていたこともありました。

「納得するまでとことん考える」その❷ ～私の経験編～

私もひとつの問題に対して、じっくり時間をかけて考えるようにしています。考えることが大事だというのは、誰かに教えてもらったわけではなく、高校時代にはじっくり考える習慣が身についていました。わからない問題があっても、すぐに答えを見るのが嫌で、とにかくじっくり考えていました。

私の粘り強さの原点を振り返ってみると、小学校時代の体験に行きつきます。

実は、私は小学校時代、勉強が嫌いでした。ほとんど勉強をした記憶がありません。友達と一緒に遊ぶのが楽しくて、近くの川でザリガニを採ったりして遊んでいました。宿題もしないので、よく先生に怒られました。

そんなとき、小学校の運動場で草むしりの時間がありました。全員が運動場に出て、草むしりをするのです。

最初はみんな一生懸命に草をむしっているのですが、15分くらい経つと飽きてきて、友達と話し始める子も出てきました。

だんだん遊び出す子が増えてきて、途中からは草むしりをせずに、しゃべったり、遊んだりする子がほとんどになりました。

私も友達としゃべりたかったのですが、「今は草むしりの時間なんだから、とりあえず草むしりをしよう」と思い、遊びたい気持ちを抑えて、こつこつ草をむしっていました。

そんな中、ちょうどその時間の終わる5分くらい前でしょうか、校長先生が見回りにやってきました。そこで、私がこつこつ草抜きをしている様子を見て、「まなぶくんは偉いなぁ」と褒めてくれました。

これは私が小学校時代に、校長先生に褒められた唯一の経験です。

遊んでばかりで算数の勉強はほとんどしなかった私ですが、今思うと、数少ない算数体験がこの「草むしり」だったのです。「粘り強さ」を養うという意味での算数力につながる体験です。

私はこの体験から、数学的な力というのは、勉強だけから身につくのではないと考えるようになりました。

私がお世話になっている理系子育てアドバイザーのとがのえみ先生は編み物が好きで、子どものころ、時間を忘れて編んでいたといいます。彼女の専門も数学です。

「草抜き」や「編み物」といった数学と一見関係のなさそうなことが、実は数学の学習で大切な「粘り強さ」を養うというのは興味深いですね。

子どもにだけ「粘り強さ」を求めるのではなくて、お母さん自身も粘り強さを意識するといいでしょう。

たとえば、子どもが公園で夢中で遊んでいるとき、長時間待ち続けることはできますか？もっと遊びたいそぶりをしている子どもに対して、「買い物に行くから、そろそろ切り上げるわよ」「もう十分に遊んだね」と子どもに声をかけていませんか？

もう十分に遊んだかどうかを感じるのは子ども自身です。子どもが疲れて、「もう帰る」と言うまで、親自身も忍耐強く待ってみませんか？

これは簡単なようで、意外とできないものです。大人は頭の中にスケジュールがつまっているので、子どもの行動もそこに当てはめてしまうものなのです。

親が粘り強い姿勢でいれば、それは子どもに伝わります。日常生活で「粘り強さ」を育てるということを意識して、子どもと接してみましょう。

この章の冒頭で「結果ではなくプロセスを見る」というキーワードをお話ししました。

つまり、点数や結果ではなく、じっくり考えているかどうか、粘り強く取り組んでいるかどうかなどのプロセスに注目してほしいということです。

他にも、楽しんで問題を解いているか、算数を好きかどうか、気にかけるポイントはいくつもあります。

子どもがじっくり問題を考えていたとしたら、たとえ最後まで解けなかったとしても、「しっかり考えたのね」とポジティブな言葉をかけてあげてほしいと思います。そうすれば、解ける解けないが問題ではなく、「考える」こと自体を楽しめるようになってきます。

じっくり考えたあとには、「勇気づけ」の言葉を！

そんな心構えが大切なのです。

「考えること」をいかに教えるか？

この節では「算数でも結果ではなくプロセスを見よう」ということで、「考える」ことの大切さをお伝えしてきました。

このことを突き詰めていくと、

「『考えること』を教える」

ということに行きつきます。

このことに気づいたのが、オランダで活躍した数学者、ハンス・フロイデンタールでした。彼は、**「人が数学をするとは、どういうことだろう?」**と自らに問い続けました。なんだか哲学的ですごいですね。

そして彼は、ついに気がつきました。

子どもたちに**「考えること」**を教えようと。

つまり、公式やパターンを覚えて問題がとけたとしても、それではただの暗記なのです。

自分でじっくり考えてこそ数学なのです。

ですから、お母さんはお子さんが問題が解けたかどうかではなく、「しっかり考えたかどうか」に注目してあげてください。

それで、お子さんがしっかり考えていたら、たとえ答えが間違えていたとしても、勇気づけてあげてください。その「考えること」自体に意味があるからです。

そんなことをフロイデンタールは教えてくれました。

フロイデンタールは数学の研究で優れた業績を残しただけでなく、詩や小説も書き、哲学や歴史にも関心を示した多彩な数学者で、「万能の人」と言われるほど、多彩な才能の持ち主でした。

フロイデンタールは、1990年に散歩中、公園のベンチで亡くなりましたが、1969年に回答困難な数学的パズル〝Impossible Puzzle〟(回答不可能なパズル)を刊行したり、地球外知的生命体とのコミュニケーションを可能にするために、〝Lincos〟という人工言語を考案したりもしました。

そんな輝かしいキャリアを持つフロイデンタールが晩年に最も力を注いだのが、数学の教育だったのです!

フロイデンタールは、自分の子どもに数学を教えるうちに、数学の教育に関心を持つようになったといいます。

子どもの存在は大きいですね。

3×0が教えてくれる！

結果ではなくプロセスを見て、子どもを勇気づけることの大切さをお伝えしてきましたが、**実は算数の勉強内容でもプロセスに注目することが大事なのです。**

実際、算数や数学ではプロセスが大事だといっても、たいていの人は結果しか見ていません。

たとえば、「3×0はいくつ？」と聞かれたらどうでしょう。答えは「0」ですね。これくらいは一瞬で答えられます。

それでは、どうして「3×0」は「0」になるのか、その理由を算数的に説明（証明）してください、と言われたらどうでしょうか？

「3×0」を計算した結果は「0」だとみんな答えられますが、どうして「0」になるのかというプロセスは、意外と答えられないものなのです。

私は以前、三重県の有名進学校で教えていたことがあります。公立高校にしては東京大学や京都大学の合格者が多いということで、雑誌にも紹介されるくらいの有名高校です。

しかし、生徒たちは受験勉強にあけくれるあまり、結果ばかり追い求める勉強をしているのではないかと、私は心配になっていました。

数学を楽しむ余裕などなく、受験に追い詰められているように見えました。しかも、暗記中心の勉強で、応用力が身についているかどうかも気にかかりました。

そこで、私はプロセスの大切さを伝えたいと思い、以下のような問題を出すことにしました。

ある日、私は授業の始めに、「今日は最初に難問を出題します」と言いました。

「どんな問題だろう？」と、生徒たちにやや緊張感が走ります。そこで私は黒板に大きく、

「3×0」

と書きました。

そうすると、生徒たちは「先生、こんなしょうもない問題を出して、どういうことです

か?」というようなあきれた顔に変わりました。

そこで私は言葉を続けて、

「『3×0=0』であることを証明しなさい」

と言いました。すると生徒たちは、一斉に声をあげました。「そんなの当り前じゃないですか?」「『3×0=0』って決まっています!」「先生、何を言っているのですか?」。

そこで私はもう一度ていねいに説明をしました。

「『3×0=0』となる理由を説明してください。できれば式で証明してほしいのですが、わからなければ言葉で説明しても構いません」

私のこの言葉に、生徒たちは衝撃を受けていました。「そんなこと考えたこともなかったです!」「まったく想像もつかないです……」。私が証明を書くための小さな紙を配っている間、そんな声が聞こえました。

その学校は地域でトップの進学校。中学時代、クラスで1番や2番の生徒たちばかりが集まってくる、そんな優秀な生徒たちでさえも解答に窮していて、まったくお手上げ状態の生徒もいました。私は内心、しめしめという気持ちでした。

思わず「0は何をかけても0だから」と答えたくなりますが、それでは証明になりません。それに私は、「できるだけ式で証明してください」と言ったので、さらに生徒たちは悩んでいました。

少し時間を取ってから、私は紙を集めました。生徒たちは、「うーん」という何ともいえない表情をしています。

授業の後、集めた紙を確認すると、クラス40人のうち約半数はうまく説明できていないか、白紙でした。約半数がちゃんと理由を説明していましたが、ほとんどの生徒が言葉による説明でした。たとえば次のような説明です。

「りんごが0個乗ったお皿が3枚ありました。りんごは全部で0個あります」

これはこれで正しい説明だといえます。中には、

「りんごが3個のったお皿が0枚ありました。りんごは全部で何個でしょうか？　答えは0個です。だって、何にもないんだもん！」

というユニークな解答もありました。

これはこれで面白いのですが、「りんごが3個乗ったお皿が0枚」というのは想像できないので、「りんごが0個乗ったお皿が3枚」と考えるほうが自然だと思います。

クラスの約半数のほとんどの生徒が、このような言葉を使った説明で、どちらかを書い

ていました。

ただ、式で説明できるようになってほしいと私は思っています。

式で説明する方法としては、次のような説明があります。

『3×0』は『0+0+0』のことなので、『3×0=0+0+0』、よって『3×0=0』」

このように式で証明する方法に気づいた生徒も数人いました。

「3×0=0」という結果だけでなく、そのプロセスを数学的な式変形で理解することが大事なのです。

このようなプロセスに注目することで、数学的な思考力が養われていきます。

実は、「3×0=0」には、さらにエレガントな証明があります。

私は紙を集めた後、生徒たちに、次のように説明しました。

「まず、『3×0＝3×（0＋0）』が成り立ちます。
下辺を展開すると、
『3×0＝3×0＋3×0』
ここで、両辺から『3×0』をひくと、
『0＝3×0』
よって、『3×0＝0』」

これが式変形だけで証明できる、いちばん鮮やかな証明方法です。
私が証明し終わった瞬間、生徒たちは目からウロコという雰囲気でした。
そして、教室中に拍手が沸き起こりました。
その鮮やかな証明方法に生徒たちは感動したのです。
生徒たちの心に響いて、拍手に包まれ、私も感動しました。

実は、私が証明した方法は、大学の数学科（数理科学科）で習う証明なのです。数学科の環論という専門科目で習う証明です。

さすがに、あっさり解ける問題を出したのでは、生徒たちはプロセスの大事さに気づいてくれないですから。

後日、私が廊下を歩いていると、そのクラスの女の子がすれ違ったときに、

「先生、また何か問題を出してね！」

と生き生きとした表情で声をかけてくれました。

私は、「数学に興味を持ってくれて、本当に良かったなぁ」と、しみじみとした気持ちになりました。

「3×0＝？」

たったこれだけの問題で、「プロセスの大切さ」「数学への興味・関心を育てる」「数学的な思考力を培う」など、いろいろなことを教えてくれるのです。

第3章

子どもへの「勇気づけ」をやってみよう

本章では、アドラー心理学にもとづいて、
どうやって子どもたちに接して、
算数を好きになってもらうのか、
具体的なノウハウをお伝えします。
自分で伸びていくための力を与えることにつながる、
そんな実践方法をご紹介します。
さらに「積極的にかけていきたい言葉」
「言ってはいけない言葉」などをお話しします。

実践したくなるアドラー心理学のキーワード

アドラー心理学のキーワード

❶課題を分離してみよう

子どもが算数の勉強をしないと、お母さんとしては気になりますね。だけど、そんなとき、イライラしたり、ブツブツ言ったり、ヒートアップしたり。これらは、子どもに反発されて、逆効果です。

では、どうすればいいのでしょうか？

そんなことのないように、アドラー心理学では今考えている課題が、誰のための課題なのかをはっきりさせます。

誰のための課題なのか？　それは結末が、

・子どもに降りかかるようなら、「子どもの課題」
・親に降りかかるようなら「親の課題」

といいます。

このように誰の課題かを区別することを「課題の分離」といいます。

たとえば、子どもが勉強をしなかったとします。そうすると「成績が下がる」というように、その結果は子ども自身に降りかかります。

ですから、「勉強をしない」という課題は、子どもの課題なのです。

そんなふうに考えると、親がイライラしていたことが、意外と「子どもの課題」であるケースが多いことに気づきます。

子どもの課題は、基本的には子どもにまかせて、親はあまり介入すべきではありません。

おせっかいになりすぎないように、いったん引いたほうがよいのです。

最初に考えてほしいのですが、ある程度算数の成績がよく、授業にもついていけている場合は、それほど心配しなくてもいいのではないかと思います。

なぜなら、今のままでも算数を十分理解しているのに、さらに勉強させようとするのは、親の過度の期待になるからです。子どもが望んでいれば別ですが、そうでなければ、強制になります。

あくまで子どもの主体性を尊重しなければいけません。子どもに、親の「**期待の肩代わり**」をさせてはいけないのです。

共依存という言葉がありますが、依存し合うような関係はよくないのです。課題を分離することで、そんなケースを避けることもできます。

子どもにベッタリではなくて、ある程度の距離をおいて、親も子どもも自立したうえで接するということです。

課題を分離するというのは、子どもの主体性を尊重するということ。子どもの人生の主人公は子どもなのです。

アドラー心理学のキーワード

❷共同の課題を作ろう

課題を分離すべきというなら、「子どもの課題は、親にはどうしようもないのか？」という疑問もあがってきそうですが、そうではありません。もし子どものほうから「ドリルがわからないので、お母さん手伝って！」と助けを求めてくれれば、手助けをすることができます。

これを「共同の課題を作る」といいます。

つまり、「いったん課題を分離して、子どもにまかせる」→「子どもが困っているようなら相談をして、共同の課題を作る」というプロセスを踏むのです。

少しまどろっこしい印象を受けるかもしれませんが、これが、子どもの気持ちを尊重したベストの接し方なのです。

最初からいきなり「勉強しなさい！」と押しつけたのでは、子どもは反発するだけです。ですから、共同の課題を作る前に、子どもの話をよく聴くようにしましょう。しっかり話し合ったうえで、共同の課題を作ります。

子どもと話し合いをした結果、共同の課題にしないこともできます。お母さんとしては、手伝いたい気持ちでいっぱいだったとしても、共同の課題にするかしないかを冷静に考えてみたほうがいいでしょう。

「親として、もしここで手伝うと、子どもが自立できなくなるかもしれない」と判断したなら、そのときは手伝わずに、子ども自身でやってもらうという選択をすればいいのです。

共同の課題にするかどうかを考えるとき、子どもと十分に対話をして、「（親が共同の課題を）引き受けるかどうか」「どの部分を共同の課題にするのか」などを話し合いましょう。

ここで注意をしてほしいのが、共同の課題を作るといっても、手とり足とり、べたっとそばについて勉強を教えるのでは、子どもの自立を阻んでしまうということです。そのあたりを考えて、子どもが自立できる範囲でサポートするとよいでしょう。

アドラー心理学のキーワード

❸ 結末の体験をしよう

「共同の課題を作らずに子どもに任せたとして、それで成績が下がったらどうするの？」という声が聞えてきそうです。残念ながら成績が下がることも十分ある得る事態です。

実践のためのアドラー心理学のキーワード

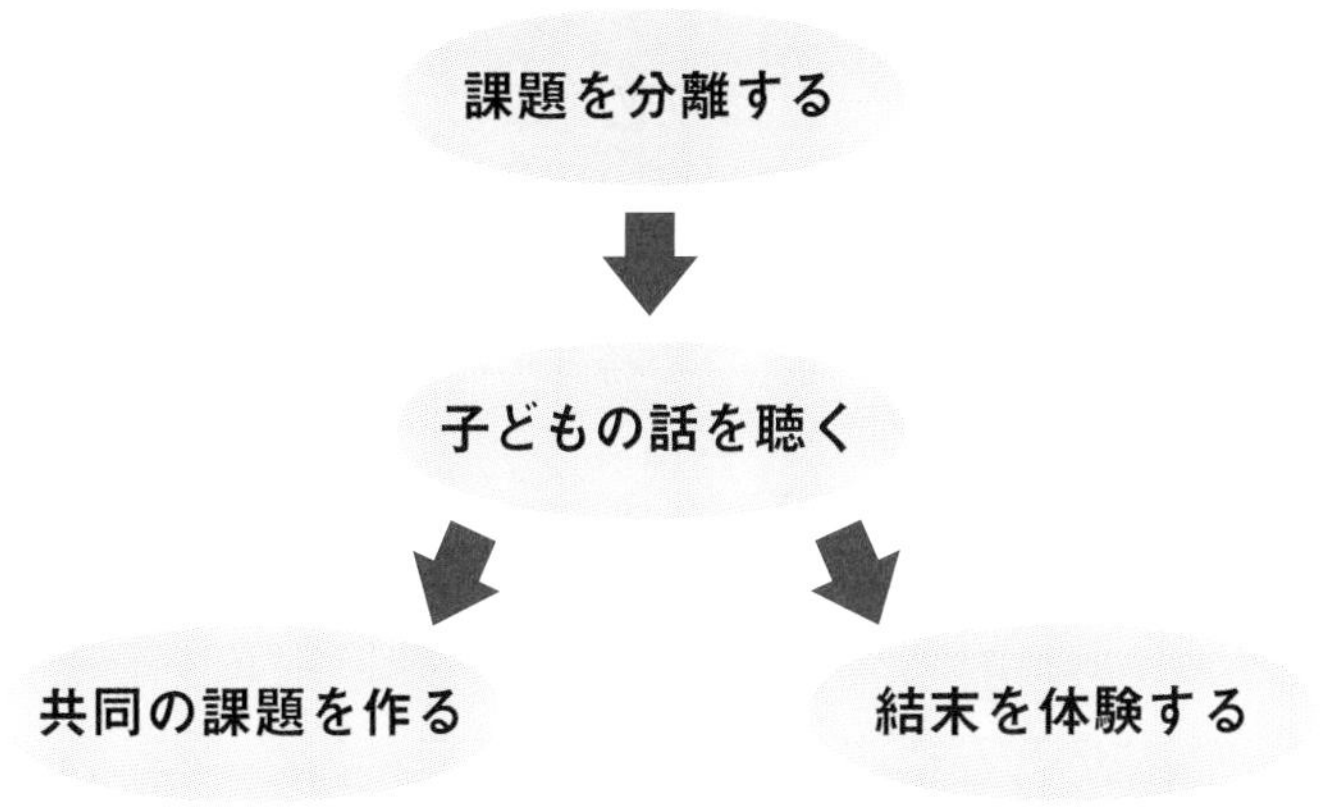

この場合、いったん子どもに任せて、勉強をしない場合は、「成績が下がる」という結末を体験するになります。

これをアドラー心理学では、「結末の体験」といいます。

「人は体験からしか学ばない」という言葉がありますが、人は頭でわかっていても、体験しなければ学ばない生き物なのです。

子どもが勉強をしたくない場合、無理やりさせるのではなく、ときには結末を体験することで気づくこともあります。勉強をしなかった結果、成績が下がることで、子どもは「勉強をしなければまずい」と身に染みて勉強をするようになるかもしれません。

つまり、子ども自身が失敗から学び、勉強に対する取り組み方を変えるまで待つという姿勢を大切にするのです。

子どもを信じて、そっと見守るのも親の役割なのです。

Point

子どもが算数の勉強をしないときは子どもの話を聴いてみよう。

例 子どもの主体性を尊重した接し方

イライラしたときは……

× 「何でこんなに勉強しないの!!」

○ 「そうか、これは息子の課題なんだ」

⬇誰の課題かを考える。

それでも見ていられないときは……

「何か手伝えることはないかしら」

⬇共同の課題を作る。

本人がなかなか気づかないときは……

「とりあえず、ひっこんで様子を見よう」

⬇本人が結末を体験して学ぶことを選択する。

算数が苦手な息子に悩むお母さんのアドバイス

アドバイスは2つだけ！

これまでは、長い目で見た数学力を育てるための心がまえや子どもとの接し方を中心にお伝えしてきました。

ここからは、具体的にどのように実践したらいいかということをお話しします。

私は以前、あるお母さんから中学1年生の息子さんの数学で相談を受けたことがありました。

そのお母さんは、息子さんのことを心配して、次のように私に言いました。

「テストでも本人がまったくあせらない」

「テスト勉強で部活がない日はゆっくりできる日だと思っている」

「気づけばアザラシのようにテレビの前に寝そべっている」

「私の目を盗み、隙あらば携帯をいじっている」

このような様子で、そのお母さんは相当悩んでいました。

そして、私に「うちの息子は数学の授業は好きなようですが、点数がまったく追いつかないんです。どうしたらよいでしょうか？」と相談をしてくださいました。

私自身は、「自分も中学生のときは勉強が嫌いだったなぁ」と思い出しました。子どものうちから「勉強が好き！　楽しくてしょうがない！」なんてことはめったにないと思うのです。

私は、そのお母さんに「問題ないです！」と第一声で答えました。

子どもの数学が心配なあまり、つい子どものネガティブな部分にばかり意識が向いてしまうのを避けたかったのです。第2章で説明した「負の注目をしない」「正の注目をする」

ということです。

ただ、「問題ないです！」とは言ったものの、実際に子どもの成績が下がっていってはやはり困ります。

まず課題の分離をする

まず私は、お母さんに「課題の分離」について説明しました。「今、考えている課題は誰の課題なのか」を考えるということです。

この場合、「勉強しない」という結果は、息子さんに直絶降りかかるので、息子さんの課題です。そのことを理解してもらっただけでも、そのお母さんは少し気持ちが楽になったようでした。

一般的に、「子どものことは親が何とかしなければ」という気持ちが強く働いてしまう傾向があります。それは子どものことを思えばこそなのですが、「親しき仲にも礼儀あり」という言葉もあるように、相手の領域にまでズバズバ踏み込んでいくと、人間関係が壊れてしまう場合もあります。

だからこそ、いったん「課題の分離」をして、一度お互いの距離を保って冷静になって考えてみましょう。

●私からのたった2つのアドバイス

「課題の分離」をして、お母さんが安らかな気持ちになったあと、私は自分自身の中学時代の経験談を話しました。

今でこそ数学が専門ですが、私も中学時代は勉強が嫌いでした。好きではないものの、こつこつ数学をやっていたことをお話しした上で、2つのアドバイスをしました。

息子さんへのアドバイスは、

「数学は、たとえ30分でもいいので、毎日やる」

「問題文を紙に書いて考える」

の2つです。

「紙に書いて考える」といっても、あまり深刻に考えずに、解けなければ解けないで、その日は寝ましょう、それくらいの気持ちでいいと伝えました。

Point

子どもへのアドバイス

❶数学は、たとえ30分でもいいので、毎日やる。

❷問題文を紙に書いて考える（解けなかったら、気にせずに寝る）。

たったこれだけでいいのです。どんな問題を解いても構いません。解けてもいいし、解けなくてもいい、とりあえず毎日数学をすればいいのです。

このアドバイスをうまく実行できるように、そのお母さんに次の２つのコツを伝えました。

Point

お母さんのコツ

❶お母さんは声をかける程度で良い。そっと見守る。

❷そのためには「勉強タイム」と「質問タイム」を分ける。

●共同の課題を作る

さっそく、お母さんは息子さんと話し合いをしたそうです。話し合いのポイントは前にも書きましたが、「子どもの話をよく聞く」ということです。

いくらお母さんがいいアドバイスを持っていたとしても、最初からいきなりそれを提示すれば、押し付けになってしまいます。子どもの話を共感して聞くことは大切です。

話を聞くと、息子さんは何とか数学を頑張りたいという気持ちがあることがわかりました。お母さんに協力してもらうことも望んでいました。

そこでそのお母さんは、「結末の体験」にしない、「共同の課題」を作るという方向に進みました。もしここで息子さんが「お母さんの力は借りない！　僕1人でやってみる！」と言ったとしたら、そのときは彼に任せて見守る、というプロセスをとればよいのです。

たとえこちらがいいアドバイスを持っていたとしても、息子さんが自分の力でやりたいのなら、押し付けるのはよくないのです。

お母さんと息子さんは話し合いをして、「毎日20分は数学をする」と約束したそうです。そのとき、お母さんは息子さんに声かけをすることで話がまとまりました。また、ちゃんと紙に書いて数学をやることも、お母さんは説明されたそうです。

お母さんと息子さんとの間で、共同の課題が作ることができたわけです。

Point

息子さんとお母さんの共同の課題

❶毎日20分は数学をする。
❷始めるとき、お母さんは声かけをする。

共同の課題を作ったあとの心得

息子さんと話し合いをして、共同の課題を作ることができました。私は、そのお母さんに、「声かけをするだけでいいので、あとは息子さんを信じて見守ってあげてくださいね」と伝えました。息子さんがちゃんと数学をしているかどうかソワソワするかもしれませんが、勉強をするのは息子さんの課題です。

それに、**「信じて見守る」**ことで、息子さんもお母さんの愛情を感じるかもしれません。ですから、共同の課題を作ったら、あとは不必要な口出しはせず、その20分間は息子さん1人で数学をするのを見守ることが大切なのです。もし息子さんがわからない問題があったら、20分経ってからお母さんに質問すればいいのです。

といっても、中学生くらいになると数学も難しくなってくるので、わからない問題は次の日に学校の先生に質問しにいくといいでしょう。小学校の算数なら、質問タイムとして子どもとお母さんが一緒に考えるのもいいですね。

効果があった2つのアドバイス

しばらくそのお母さんは、息子さんが毎日数学をするのを見守っていました。お母さんがやることといえば、「勉強を始めるときに、声をかける」だけです。

つい、「あれもこれもやってあげたい」という気持ちがムクムクと出てくるかもしれませんが、せっかく共同の課題を作ったわけですから、そこは我慢して不必要な口出しをしないというのも大事です。**「我慢する勇気」**とでもいうのでしょうか。

というわけで、その息子さんは毎日20分は数学をやっていたそうです。

3ヶ月後、息子さんに変化がありました。

そのお母さんは、息子さんの変化に驚き、私に次のように報告してくれました。

「中学になってから発熱で学校を休むことが多かったのですが、5日くらい休んでしまっても数学の授業には、ついていけている」
「当たっているかどうかは別として、今回の期末テストは全問解けた」
「勉強の仕方が身について、テスト勉強で部活が休みの日も時間を有効活用できるようになった」

3ヶ月続けたことで、効果があったのです！
お母さんからの報告を聞いて、「本当に良かった」と思いました。そう思ったのは、私はお母さんの子どもへの接し方のコツ」をアドバイスしていますが、最終的には、算数や数学を通して、

「子どももお母さんも幸せになれたらいい」

という想いがあるからです。

改めてまとめると、私は**「数学は、たとえ30分でもいいので、毎日やる」「問題文を紙に書いて考える」**のたった2つをアドバイスしただけです。

それを受けて、お母さんは、**「課題の分離をして」「息子さんの話を聴いて」「共同の課題**

を作った」だけです。

その結果、息子さんの数学力が少しずつ養われてきたのです。


ここで紹介した方法は、シンプルですがとても効果があるので、お子さんの算数や数学に悩むお母さんは一度試してみてはいかがでしょうか。

小学校から中学、高校の数学まで通用する、シンプルながら強力な勉強法です。

暗記科目でないから効果がある

たったこれだけでなぜ効果があったかというと、それは、

「数学は暗記科目ではない」

からです。

つまり、毎日自由に紙に書きながら、「ああでもない」「こうでもない」と問題を考えているうちに。数学的な思考力が身につくのです。しかもそれは、毎日やっていないと身につきにくいのです。

これはスポーツの練習と同じです。スポーツも1日休むと感覚が鈍って、取り返すのに何日もかかるといいます。実は数学も同じことが言えて、たとえ30分でもいいので、毎日やることで数学的な感覚が養えます。

しかも、紙に書くことがお勧めです。数学者のアレクサンドル・グロタンディークは、

「数学をするとは、書くことです」

と言いました。

たとえば、数学の教科書を読むとき、小説のように目だけで追っていって最初から最後まで読んだとしても、それは何も学んでいないのと同じだということです。

紙に書きながら、計算したり、式を変形したりしなければ身につかないものなのです。

ここまでお話しした方法だけも十分に効果があるのですが、さらに効果を高めるために、「環境作り」と「勇気づけ」の2つに分けて配慮したいことをお話しします。

子どもが気持ちよく算数を学べる環境を作るには?

心地いいスペースを意識しよう

ここからは、子どもが自らの意志で算数をできるように、お母さんができる実践的な秘訣をお話しします。

最初の秘訣は、**「心地いいスペースを意識する」**ということです。スペースというのは、ここでは「その場の空気、雰囲気、環境」という意味で使っています。

これは、子どもが算数を理解しているかどうかではなく、心地いい環境で勉強ができているかどうかを気にしてあげてください、ということです。

算数という教科の特性上、親としてはどうしても子どもが算数を「理解しているか、理解していないか」という部分に気がいってしまいます。だから解けなかったらイライラしてしまうのです。

だけど子どもを怒って、無理やり計算方法を理解させても、子どもは嫌な思いをするだけです。それでは、やる気を失ってしまうかもしれません。

それより、気持ちよく勉強できる環境を意識したほうが、子どもにいい影響を与えます。

ですから、子どもの算数力を伸ばすために、家庭で心がけたいことは、

「場づくり=安心できるスペースを創る」

ことだと意識してください。

アドラー心理学では、子どもの居場所をとても大切にします。子どもが安全で心地いいと思える場所です。家庭が子どもの居場所になっていないと、関係がうまくいきません。

第1章のアドラー心理学による子育ての「心理面の目標」を思い出してみてください。それは「私は能力がある」「人々は私の仲間だ」ということでした。

もしイライラして子どもを怒ったとしたら、「お母さんは僕の仲間だ」と思わないかもし

れません。それに、怒られながら計算方法を理解したとしても、「僕には能力がある」と思いませんよね。

これでは関係が悪くなり、お母さんと子どもの間に「不安な空気」が流れてしまうことになります。

逆に、先ほどのコツでお伝えしたように「そっと見守る」ことで、子どもは「お母さんは僕の味方」だと感じるかもしれません。お母さんと子どもの間に「安心できる空気」が流れるのです。

ありのままの子どもを受容することで、お母さんと子どもの間に安心できるスペースが生まれます。それが「安心できるスペース（居場所）」です。

このことを学校のクラスで考えてみましょう。

学校だとクラスが安全な空間でないと、生徒は手を挙げて自由に発表できません。「もし間違った答えを言ったら、みんなに笑われる」と思うと、なかなか手を挙げられないものです。

ですから、学校の先生にとっては、**「間違った答えを恐れずに、どんどん発表し合える雰**

囲気」をクラスに作ることが大事なのです。将来、数学の先生を目指すという学生に対しては「そのような安全な雰囲気をクラスに創れるように」ということを、私はいつも伝えています。

それに私自身も、大学の授業では「学生たちが自由に意見を言える雰囲気」を創れるように心がけています。それが「安心できるスペース」なのです。

つまり、算数や数学を教える立場の人は、子どもが安心できるスペースを創ることが大切なのです。それは、お母さんも学校の先生も同じです。

そのうえで、授業の前に数学のテキストをしっかり読み込み、「どのようにしたらわかりやすく教えることができるだろうか？」と考えるのです。

Point

算数を理解しているかどうかより、安心できるスペースかどうかを意識しよう。

「算数が好き」という気持ちを尊重して接する

算数の問題は、大人にとっては簡単に解けるため、子どもがなかなか解けないと、イライラしたりしがちです。「いつまでかかっているの?」「こうすれば、すぐでしょ」「なんでこんな問題が解けないの!」という反応が起こりやすいのです。

ですが、そんな心の声が聞えてきても、決して口に出してはいけません。子どもが自信をなくしてしまいます。または、反発されるだけです。つまり、**子どもの勇気がくじかれるのです。**

算数や数学になると、計算方法を理解することばかりに意識がいってしまい、気持ちの部分を忘れがちになってしまいます。

そこがいちばんの落とし穴です。

たとえば、厳しく注意されると問題を解くのが嫌になり、子どもは算数が嫌いになるかもしれません。たとえ問題が解けたとしても、算数が嫌いなままではこの先心配です。

逆に、問題が解けないままだとしても、算数を好きでいてくれたら、この先成績がアップする可能性があります。

つまり、計算が「できる・できない」「解ける・解けない」「早い・遅い」などにばかり、注目する必要はないということです。

そんなことより、子どもが算数を「好きか・嫌いか」という「気持ち」の部分を見て、接してほしいのです。

計算が「できる・できない」は目に見えます。だから、できないとつい、注意をしてしまいます。逆に、算数が「好きか・嫌いか」は目に見えません。目に見えないからこそ、見落としてしまうのです。

子どもの気持ちがネガティブにならないこと。

お母さんは、そこに気をかけてあげてください。

Point

問題が解けないことよりも、子どもの勇気をくじくほうがマイナス！

ときには演技も必要です

子どもの気持ちを大切にするためには、ときには演技も必要です。演技というと、難しく感じるかもしれませんが、そんなことはありません。

人は日常的に演技をしているものなのです。

たとえば、職場で上司に注意をされたとしましょう。それが納得いかなかったとき、あなたは上司に突っかかっていきますか？　感情的になって文句を言いますか？　普通はそんなことはせずに、大人の対応をしますよね。内心は、上司にムッとしていたとしても、表面的には「これからは気をつけます」くらいは言うでしょう。

そんなふうに、人は日常的に演技をしているものです。それをちょっと、子どもに対しても意識してみませんか？　ということなのです。

不思議なもので、上司に対しては、演技をして大人の対応ができるのですが、子どもや夫になると、つい感情的になってしまいます。人間、親密で気を許している人に対するほど、感情が出やすいものなのです。

だからといって、子どもに感情的になって注意をして、算数が嫌いになってしまったら、いくら問題が解けたところで、まったく意味がありません。だからこそ、ちょっとした演技を意識してほしいのです。

「わっ!?　これは難しそうだね！」

「どうやって解けばいいのかな？」

「一緒に考えてみようか」

と、優しく言ってみてください。そうすれば、子どもも「自己肯定感」を落とすことなく、算数に前向きに取り組めます。**お母さんは、子どもの算数力を育てるために、ときには女優になるくらいの意気込みを持ってもらいたいのです。**

実は、私は大学で授業をしているとき、将来、数学の先生を目指している学生に対しては、

「数学を教えるときは、俳優になりなさい」

と、よく言っています。なぜなら、「もともと数学は堅いので、柔らかく、優しく教えるには、教える先生自身がときには演技をする必要もある」のです。

別に、大げさなパフォーマンスはいりません。自分にとっては簡単に解ける問題だとしても、「この計算は難しいね！」「よく解けたねえ」「すごいね！」と、ひとこと声をかける

だけでも、子どもに与える「心理的な影響」は全然違うのです。

それに、最初は演技をしているつもりでも、そのうち自然に、プラスの言葉が出るようになるものです。

そうすることで、お母さんと子どもの間のスペースが、「安全な空間」となるのです。これは、子どもが計算を間違えたときも同じです。子どもがミスをすると、「どうしてこんなミスをするの！」と、ついむきになってしまいますが、決してそんなことは言わないようにしてください。

「次は間違えないようにしようね」と優しく、愛情をもって、声をかけてあげてください。

また、余裕があれば、「間違えた理由を探す」ことも効果的です。「どうして間違えたんだろうね？」と優しく言葉をかけます。子どもが間違えた理由を、自分で見つけられたら、大きな収穫です。

Point

算数を教えるときは、ときには、演技をしよう。

「環境づくり」についてまとめましょう。

Point

環境づくり（場づくり）

❶スペースを意識しよう。

❷「算数が好き」という気持ちを一番に尊重しよう。

❸ときには演技をしよう。

子どもに「勇気づけ」の言葉をかけてみよう

今日から「勇気づけ」をはじめよう

第1章で、アメもムチも好ましくないことをお伝えしました。罰（ムチ）を与えるのも、賞（アメ）で釣るのも、長い目で見たらよくない影響を与えるのです。これらは、外側から無理やりモチベーションを与えて、勉強をさせる方法です。

では、一体どうすればいいのでしょうか。

それは「**勇気づけ**」です。勇気づけることで、子どもは自己肯定感を落とすことなく、自らの意志で行動できるようになります。つまり、子どもの内側から勉強をしたいというモチベーションが生じてくることで、子どもは自らペンをにぎるのです。

さらに、勇気づけを実践することで、勉強面だけでなく、子どもの生活全般にいい影響が出て、家庭が幸せになるのです。

あなたもぜひ、「勇気づけ」をはじめてみましょう。

何も難しく考える必要はありません。「おはよう」「ありがとう」という簡単な言葉から、はじめればいいでしょう。

それだけでも十分、相手への勇気づけになります。そして、さらに、

「お母さんは、どんなときでもあなたの味方だからね」

と、気持ちを込めて伝えましょう。

Point

まず自分から、「勇気づけ」の言葉をかけてみよう

「Iメッセージ」を使う勇気をもとう！

「よく頑張ったね」「いい成績をとったね」「よくできたね」「すごいね」という言葉を考えてみてください。

日本語は主語を省略するので、わかりにくいのですが、これらの言葉の主語はすべて「あなた」です。主語をつけると、次のようになります。

「あなたが、よく頑張りました」

「あなたが、いい成績をとりました」

「あなたが、よくできました」

「あなたが、すごい」

このように主語が「あなた」の言葉を「Youメッセージ」といいます。

一方、主語が「わたし」の言葉を「Iメッセージ」といいます。

「うれしい」「励まされた」「心配です」などの言葉は主語が「わたし」ですから、「Iメッセージ」になります。

子どもに言葉をかけるとき、「えらいね」というように「Ｙｏｕメッセージ」を使うより、

「お母さんはうれしいの」というように「Ｉメッセージ」を使うほうが、子どもの心に響きます。

「Ｉメッセージ」は近年少しずつ広まってきているので、いろいろな場面で見かけますが、アドラー心理学による子育てを実践するときにも積極的に使うと効果的な「勇気づけ」の手段だといえます。

「Ｉメッセージ」が効果的な理由を、アドラー心理学の視点で説明します。

たとえば、「立派だね」というように、「Ｙｏｕメッセージ」を突き詰めて考えると、上の立場の人が下の立場の人を褒めることにつながります。つまり、「タテの関係」による言葉なのです。

一方、「Ｉメッセージ」は「私はうれしい」というように、純粋に「自分の気持ち」を伝えているわけですから、「ヨコの関係」になっています。

だから、「Ｉメッセージ」で伝えられたほうが勇気づけになるのです。

「Ｉメッセージ」は自分の気持ちを素直に伝えるわけですから、言うのが少し恥ずかしいこともありますが、勇気を出して使ってみましょう。

感謝の気持ちを伝えよう

子どもに感謝の気持ちを伝えていますか？

日本は「相手を察する文化」があり、意外と大切なことを口に出して伝えていないものです。ですが、**人の心は見えません。**

今の時代、「相手の気持ちを察しなきゃ」「自分の気持ちを察してほしい」というようでは、うまくコミュニケーションがとれないのではないでしょうか。そんなところから、気持ちのすれ違いが生じてくるのです。

ですから、大切なことは言葉に出して相手に伝えましょう。**お子さんに、感謝の気持ちを伝えてみませんか。**恥ずかしいと思わずに、素直に伝えるのです。

特に、「最近、子どもとうまくいっていないなぁ」と感じたときなどは、ぜひ、子どもに感謝を伝えましょう。

「あなたがいてくれて、うれしい」

「生まれてきてくれて、ありがとう」

このような言葉を、気持ちを込めて伝えましょう。お母さんはどんなときでも子どもの味方だ、ということも伝えましょう。あなたの素直な気持ちを、子どもに伝えることで、子どもとの関係は改善し、子どもとの間に「暖かな場」が生み出されるのです。

このことは、子どもだけでなく、夫婦や友達、職場の人間関係にもあてはまります。相手との関係を良好に保つ鍵は感謝にあるのです。

夫婦の間で「結婚した頃は、あんなに幸せだったのに、どうして今はギクシャクしているのだろう」と感じていませんか？　または職場で「あの人とはいい関係で仕事ができていたのに、いつのまにか、ぎこちなくなってしまったなぁ」と感じていませんか？

そんなときは、まずあなたから感謝の気持ちを相手に伝えてみましょう。そうすることで相手との関係が回復へと進むでしょう。

一度、自分自身を振り返ってみてください。大切な人に、感謝を伝えていますか？　これは意外とみなさん、できていないものです。

もし、子どもやパートナー、友達、職場の人に「感謝の気持ちを伝えていないなぁ」と感じたなら、ぜひ今日から伝えてみてください。恥ずかしいと思わずに、あなたの素直な気持ちを、伝えましょう。きっと、その人とのより良い関係が育まれていくはずです。

点数別に見る「勇気づけ」の実践例

勇気づける言葉の具体例

●「わっ！　こんな問題が解けたんだね！」　プラス100点

子どもが問題を解けたときは、当たり前と思わずに、声をかけてあげましょう。大げさになりすぎないように、お母さんも適度に喜んであげるといいでしょう。

「ワァー、すごいね！」とシンプルに言葉をかけるのもいいでしょう。

第2章の「正の注目」「負の注目」のところでも説明しましたが、人は相手の短所には目がいきやすく、長所にはなかなか目がいかないものなのです。ですから、子どもの当たり前のような行動に対しても、プラスの気持ちで見守ることが大切です。

子どもが勉強をしているだけでも、机に座っているだけでも、素晴らしいことなのです。

どうか子どもの適切な行動を当たり前と思わないでください。

「不適切な行動には注目しない」

「適切な行動に注目する」

これがアドラー心理学による子育ての鉄則なのです。

●「じっくり考えていてスゴイね。お母さんはうれしいな」プラス300点

第2章で説明しましたが、算数では「考える」ことが大切です。子どもがじっくり考えていたときは、たとえ正解までたどりつかなかったとしても、プラスの言葉をかけてあげてください。

答えは間違っていても、あまり気にしないでください。**考えること自体が貴いのです。**

「プロセスを見る」ということを忘れないでください。

また、お母さんの気持ちを「Iメッセージ」で伝えるといいでしょう。「頑張ったね」

「よく努力したね」という「Ｙｏｕメッセージ」は、相手を評価していることになります。

一方、「お母さんはうれしいな」というのは、「評価」ではなく気持ちを伝えています。「承認」ですね。ちょっとした言葉づかいの違いで、受け取る側のニュアンスが変わってしまうのです。

日本語では主語を省略することが多いので、ふだん、「Ｉメッセージ」「Ｙｏｕメッセージ」ということは、意識していないかもしれませんが、ぜひ「Ｉメッセージ」で気持ちを伝えてみましょう。

「うーん、難しそうな問題だね。どうやって解こうか?」　プラス200点

子どもが問題を解けずに困っているとき、こんなふうに言葉をかけてあげましょう。

お母さんにとっては簡単な問題だとしても、イライラせずに、穏やかな気持ちで演技をしてあげてください。それが子どもの才能を開花させます。

「うーん、難しそうな問題だね」と共感した後、お母さんが答えを教えるのではなく、「どうやって解こうか?」と、子どもに問題提起をするのがよいでしょう。

こちらが教えたほうがてっとり早いので、「こうやって解けばいいのよ」と教えたくなる

かもしれませんが、教えたくなる衝動をグッと抑えてください。**解き方の糸口を、子どもが自分自身で見つけることに意味があるのです。**

お母さんがこのような対応をしていると、お子さんはだんだんと「考える」習慣が身についてくるでしょう。

それに、優しく、こんなふうに声をかけられたら、子どももやる気を失いません。

「算数って楽しいね！」 プラス400点

第2章でもお伝えしたように、**お母さん自身も算数に触れて、算数を楽しむようにしましょう。**

そしてそれを言葉に出してみましょう。それはきっと、子どもに伝わります。

「算数って楽しいね！」という言葉も、主語が「わたし」なので、「Iメッセージ」です。

このように、「Iメッセージ」で気持ちを素直に表現するほうが、子どもには伝わります。

第2章でお伝えした「子どもが算数好きになる3つのちょっとしたコツ」、すなわち、「算数や数学という言葉を聞いても、『笑顔』でいられる」「楽しく数の話ができる」「数の仕組みを意識してみる」が、子どもへの勇気づけになっています。

そのような姿勢を大事にして、「算数って楽しいね！」という言葉が、素直に出るようになったら素敵ですね。

勇気をくじく言葉の具体例

「いつも同じミスをする！」 マイナス500点

子どもが同じようなミスをしていると、ついこのように言いたくなります。しかし、子どもにとっては、注意された「嫌な気持ち」が残るだけで、なかなかミスは直らないものです。

算数ができなかったからと言って、カリカリせずに、「嫌み」に聞こえる言葉を使わないようにしましょう。それが、「声かけ」の心がまえです。

「いつもミスをする」というのは嫌みに聞こえますね。本当に「いつも」ミスをするのでしょうか。「いつも」というのは、あいまいな言葉です。感覚的な言葉ともいえます。

とりあえず、過去のミスを持ってきて、注意するのはやめたほうがいいといえます。**ポイントは、たった今の行動や言葉に注目する、ということです。**

今ミスをしたことだけに焦点を当てて、次はどうすればミスをしないようになれるか、穏やかに相談をしてみましょう。ですから、

「あっ、おしい！　ちょっとミスしたね！」

と優しく声をかけて、そのあと、対策を一緒に考えましょう。

「どうしてこんな問題も解けないの！」マイナス900点

お母さんにとっては当たり前のような算数の問題を、子どもが解けなかったとき、イライラして、思わずこの言葉を使っていませんか？　子どもが計算でモタモタしているときなども、「何でこんな計算もできないの！」と言っていませんか？

これは、算数だからこのような言葉が出てくるのです。たとえば、高校数学の微積分学の難しい問題が解けなったとしても、「何で微積分学の問題が解けないの！」と怒りますか？　怒らないですよね。算数も微積分学も同じなのです。

冷静に考えてみると、**お母さんにとっては当たり前の計算でも、子どもにとっては、まったく初めての計算なのです。**できなくて当たり前、それくらいの大らかな気持ちを持ちましょう。

それに、怒ったところで、それで問題が解けるようにはなりません。ますます算数が嫌いになってしまい、逆効果です。そんなときは、次のように置き換えましょう。

「わっ！　これは難しい問題だね！」

こんなふうに声をかけてみてはいかがでしょうか。お母さんにとっては簡単に見える問題だとしても、演技をしてみてください。

「そんなことでどうするの！」マイナス700点

これも計算ミスをしたときやテストの点数が悪かったときなど、使ってしまいそうな言葉ですね。これは親からすると、子どもにはっぱをかけているつもりで使っているとしても、子どもにとっては責められているように聞こえます。この言葉は、「上から下に」向かって発せられているからです。そうではなく、子どもと「ヨコの関係」を意識しましょう。そうしないと、子どもの勇気をくじくことになります。

それにこの言葉は、「原因」を追及するようにも聞こえます。原因を追及して、子どもを責めても、子どもは算数嫌いになるだけです。そんなことより、「目的」を見ましょう。目的を考えることで、今後にそなえることができます。

過去を責めるより、未来を築くことを意識するということです。うまくいかなかったことを振り返ることも大事ですが、あまり反省にばかりエネルギーを費しすぎると、暗い気持ちになり、前向きに物事を改善する方向に力が出せなくなってしまいます。

「反省する」ことが目的ではなく、「次にうまくいく」ことが目的のはずです。それを忘れないでください。

この言葉は、次のように言い換えてみましょう。ヨコの関係を意識して、優しく言うのがいいでしょう。

「今回はうまくいかなかったけど、次はうまくいくといいね」

●「解くのが遅い！ 何をしているの！」 マイナス800点

算数のドリルをしていて、子どもの計算が遅いと、イライラしてつい使ってしまいそうな言葉です。これは親だけではなく、塾や学校でも「早く計算できるように！」と指導することが多いので、このような言葉が出てくるのです。

しかし、果たして、早いだけでいいのでしょうか？

早く計算できることにこしたことはありませんが、そこにばかりエネルギーをかけ過ぎると、暗記のような算数（数学）になってしまいます。問題の解答自体を暗記して、素早く解くという訓練をしすぎると、「考える力」が育たなくなるのです。「この問題のパターンはこの解答、こっちのパターンはこの解答……」というようにパターンを覚えるだけの学習につながりやすくなります。

早く解けるかどうか気になるかもしれませんが、**ここは発想を逆転して、「じっくり考えているかどうか」を気にかけるようにしてあげてください。**長い目で見ると、じっくり、ゆっくり考えたほうが、数学的な思考力が養われるのです。ですから、次のようにポジティブな言葉に置き換えましょう。

「じっくり考えて解いたんだね」

「字が汚い。書き直し！」マイナス600点

子どもにきれいな字で書いてほしいと思う親心はわかります。しかし、厳しくしすぎて、勇気をくじくのは考えものです。

確かに、テストのときなど、読めない字を書いて減点されないか心配です。それはそうですが、それなら正直に、「テストで減点されないか、お母さんは心配なの」と気持ちを伝

ればいいのです。上から目線で責めるより、正直に心配な気持ちを伝えたほうが、子どもに伝わるのです。

それと、急に、すべての場合で「きれいな字」を書くようにと言っても、なかなか大変なものです。まずは、テストなど、人に見せるものはきれいに書くようにするとしても、自分用の下書きなら、あまり強制しなくてもいいかもしれません。

考えてみてください。大人でも、結婚式などの公の行事に招待されたときは、ピシッとしたスーツで出席しますが、1年中堅いスーツを着ていては窮屈です。休日にはTシャツなどラフな服装で過ごしたいものです。字を書くことも同じで、1年中、清書のようなピシッとした文字では疲れるかもしれません。自分用の下書きやメモ書きなら、下手な字でもいいと思います。**意外とそんなところから、アイデアが生まれるものです。**というわけで、次のように置き換えましょう。

「自由奔放だね。でも、テストのときは、きれいに書こうね」

使わないほうがいい言葉と、それを置き換えた言葉を、まとめて書くと次のようになります。「×」の文章と「○」の文章を読み比べてみてください。

Point

「勇気くじき」ではなく、「勇気づけ」の言葉をかけよう。

×「いつも同じミスをする！」
↓
○「あっ、おしい！　ちょっとミスしたね！」

×「どうしてこんな問題も解けないの！」
↓
○「わっ！　これは難しい問題だね！」

×「そんなことでどうするの！」
↓
○「今回はうまくいかなかったけど、次はうまくいくといいね」

×「解くのが遅い！　何をしているの！」
↓
○「じっくり考えて解いたんだね」

×「字が汚い。書き直し！」
↓
○「自由奔放だね。でも、テストのときは、きれいに書こうね」

いかがでしょうか？　「×」の文章を読むとネガティブな気持ちになりませんか。一方、「○」の文章を読むと、清々しい気持ちになりませんか。

お母さんはこの気持ちの差を忘れないでください。

第4章

年代別の算数のポイントを知ろう

本章では、年代別の算数や数学を
学習するためのポイントを、
具体的にお伝えします。
また、お勧めの算数や数学の本なども紹介します。
長い目で見たしっかりした
算数力を育てることが目的です。

心得ておきたい アドラー心理学のキーワード

アドラー心理学のキーワード

自分の人生の主人公は自分

第3章で「課題の分離」について説明しました。誰の課題かを考えて、相手の課題にはあまり干渉しないというものでした。これはお互いの主体性を尊重しているという意味があります。

相手は相手で、自分は自分で、それぞれ自分の人生を生きているという考え方にもとづいています。

一般的に、人は自分の意志で考えて、決断して、行動しています。これをアドラー心理学では「**自己決定性**」といいます。これもアドラー心理学の大きな原理のひとつなのです。

いやそんなことはない、会社から突然転勤が命じられたときは、自分ではなく会社が決めている！ と思われるかもしれませんが、はたして本当に会社が決めているのでしょうか？

確かに、転勤先は会社が決めています。だけど、本人が転勤先を聞いたとき、「かなり遠いけど、転勤しようかどうしよう？」と考えます。もし、どうしても今いる土地を離れたくなければ、会社をやめて近くで仕事を探すという選択もあります。ですが、そんなリスクを冒すより、「転勤して遠くに赴任するほうがいいかな」と判断して、そちらを決断するのです。

人は自分の意志で考えて、決断し、行動するというのは、言い換えれば、

「**自分の人生の主人公は自分である**」

ということができます。

アドラーは、「**人は自分自身の人生を描く画家である**」と言いました。

また、「環境が人を作り、人が環境を作る」という言葉もありますが、置かれた環境や状況に影響されるだけではなく、人が環境を作ることもできます。

先ほどの例でいうと、転勤のショックで落ち込むこともできますし、逆に、転勤先で頑張って活躍することもできるのです。そしてそれは、自分自身が選んでいるのです。

置かれた環境をどう捉え、どのように行動するかというのは、結局、自分次第ということなのです。

あなたの人生の主人公は、あなた自身です。

あなたの人生に、素敵な色彩あふれる絵を描いてみてください。

子どもの人生の主人公は子ども

人は自分で考え、判断し、行動しているとお話ししましたが、結局は、「子どもの人生の主人公は子ども」「お母さんの人生の主人公はお母さん」「お父さんの人生の主人公はお父さん」ということです。

このことを踏まえると、ずいぶんと気持ちが前向きになります。子どもやパートナーの課題まで、抱え込む必要がなくなるからです。

それは、算数の勉強でも同じです。

あくまで主役は子どもです。お母さんはサポート役に徹してください。

たとえば、「毎日8時から30分は、算数をする」と子どもが約束をしたとします。そのとき、「じゃあ、お母さんは8時になったら、声をかけるね」と協力することができます。

そうして、毎日、8時から30分は算数をするようになったとします。しかし、ある日、「見たいテレビがあるから」と言って、声をかけても算数をしなかったとします。

そんなとき、怒って、無理やり勉強をさせようとするのはいけません。お母さんはサポート役です。その場では、いったん怒りを抑えて、子どもを見守りましょう。

そして、後日、冷静に子どもと相談をしましょう、そうすると、「もうこれからは、ちゃんと毎日算数をする」と反省をするかもしれませんし、逆に、「金曜日だけは、8時からどうしても見たいテレビがある」と言うかもしれません。

そんなときは、子どもと相談をして、金曜日だけ時間を変えて「7時半からにする」とか、「1週間に1回は算数をお休みの日にする」とか、子どもと相談をしながら決めていけばいいのです。

そうすることで、子どもは前向きな気持ちで、算数に取り組めます。

また、子どもの話をよく聴くことで、主体性を養うことができます。それに、話を聴くだけでも、十分に勇気づけになります。そのことを心にとめておいてください。

話を聴くときは、子どもの気持ちによりそって、共感的に聴くといいでしょう。先にアドバイスをしすぎると、子どもは受け身になってしまうだけです。

以下に例を挙げましょう。

母「今回の算数のテスト、悪かったね」
子「うん」
母「割合が苦手なの？」
子「うん」

母「ドリルでしっかり練習しなきゃ」
子「うん」
母「今日からやりなさいよ」
子「うん」

このように、お母さんが先回りしてあれこれ言いすぎると、子どもは「うん」しか返さなくなります。

では、先ほどの「共感的に子どもの話を聴く」ことを意識した例を挙げましょう。

子「お母さん、今回の算数のテスト、悪かった」
母「悪かったんだね」
子「割合がよくわからないんだ」
母「どうしたらいいと思う?」

子「うーん、ドリルをしようかなぁ」
母「それはいいね！　いつからやる？」
子「今日からやろうかな」

大事なのは共感的に話を聴いて、子どもを主体（主人公）にすることです。そうすることで、子どもの自発性を誘発することができるはずです。

受け身で算数をやっても長続きしません。子どもが自発的に算数をしようと思わなければ長続きしないのです。

Point

子どもを主人公にして自発的に算数に取り組むようにする。

× 先に親がアドバイスをして ⬇ 子どもに算数をさせる。
※ 子どもに「させる」。
○ 子どもの話を聴いて ⬇ 算数をしたくなるように持っていく。
※ 子どもに「する」。

それでは、これから算数のポイントや心がまえを具体的に説明していきます。

子どもの人生の主人公は子ども自身であるということを踏まえたうえで、読み進めていただけたらと思います。

幼児～小学生のときの「算数」のポイント

幼児の算数について　～お風呂で一緒に数を数えよう～

ここでは幼児期の関わり方について、お話をしたいと思います。小学校1年生になると「たし算」や「ひき算」を習い、算数の学習がスタートしますが、それまでは家庭でどんな勉強をすればいいのでしょうか。

●「数」を意識する

幼児のときに親が心がけたいこと、それは「数」を意識することです。保育園や幼稚園のときは、数に慣れ親しむことが大切です。では、具体的にはどうすればいいでしょうか？

昔ながらのやり方ですが、やはり、

「お風呂で一緒に数を数える」

ことが基本だと思います。

「10まで数えられたらお風呂を出ようね」「次は、20まで数えられるかな」など、お風呂で数字を覚えるのは自然で効果的です。

また、「数」をテーマにした絵本の読み聞かせも良いと思います。お母さんやお父さんが読み聞かせることで、楽しく数や言葉を覚えることができます。

子どもに対するふだんの声かけでも、「9時には寝ましょう」「あと10分ね」などのように、さりげなく会話の中に「数字」を入れることをお勧めします。

あなたは日常の中で数に関心を持っていますか？

以前、私がお母さん向けの算数カフェを開催したとき、あるお母さんが「そんなこと考えたこともなかったです！」「子どもは勝手に数を覚えるものだと思ってました」と驚かれたことがありました。

確かに、保育園や幼稚園に通ううちに、子どもは自然に数を覚えます。ただ、すべて保育園、幼稚園にお任せというのではなく、家庭でもちょっと意識するだけで、さらによい影響を与えることができますよ、ということなのです。

●「形」を意識する

数の他にも、「形」を意識することも忘れないでください。遊びの中で、積み木やブロックを取り入れると、図形の感覚が養われます。

パズルもいいでしょう。お子さんと一緒にパズルをする時間を作ってみてはいかがでしょうか。

なにはともあれ、まずはお母さん、お父さんが数や形に関心をもってください。それがいちばん大切なことです。

お母さんやお父さんが数や形に関心をもつことで、日常の中で、自然に数や形を意識することができるようになるからです。

「あと10分ね」というような、ほんのちょっとしたことかもしれませんが、そのちょっとしたことで、子どもの数への興味・関心が養われるのです。

●子どもの疑問を尊重したり、考える習慣を育てる

「数を意識する」「図形に触れる」の他にも大事なことがあります。それは、子どもの素朴な疑問を尊重したり、考える習慣を意識するということです。

これは、数字の計算や図形のように目に見えるものではなく、目に見えない数学力につながります。目に見えないので、つい見落としがちなのですが、このことを意識して子どもと接するとよいでしょう。

心得としては、子どもの素朴な疑問を否定しないようにしましょう。

子どもの疑問というのは、「お母さん、どうして雨は降るの？」という、たわいのないことかもしれません。

ただ、忙しいときに話しかけられると「何を言っているの。いま、お母さんは忙しいの！」

というような、そっけない対応をしてしまうかもしれません。

でも、そんな対応をすると、子どもは傷ついてしまいますよね。ですから、忙しいときでも、できるだけ子どものほうを向いて、話を聞きましょう。

「雨が降るって、不思議ね」と子どもに寄り添ったり、「どうしてだと思う？」と子どもに

も考えてもらったり、「海の水が、小さな粒で空まで上がっていって、たまってきたら雨になるんでしょうね」と、簡単に理由を説明してみたりするといいでしょう。

また、ふだんの生活で、子どもに話をするときに、理由も話すことを心がけてみてください。

「まだ子どもだから、理由を言ってもわからないかな」と面倒に思い、つい結論だけを言っていませんか？

ちょっとしたことでいいのです。たとえば、子どもが野菜を残したとき、「野菜も食べなさい！」と結論だけを言うのではなくて、「野菜も食べないと、栄養がかたよってしまうから、ちゃんと食べてね」と、理由を添えて伝えてあげましょう。

結論だけ無理やり聞かせていたら、子どもは怒られるのが怖くて「うん」しか言わなくなります。自分で物事を考えなくなります。

それに理由も話せば、子どもなりにわかってくれるものです。そんなことが、「**筋道立てて話す力**」「**論理的に考える力**」をつけることにつながり、将来の「**数学の力**」の礎となるのです。このことは、幼児期だけでなく、小学生以降も意識したいものです。

Point

幼児期の算数に必要なこと

・「数」を意識する。
・「形」を意識する。
・子どもの疑問を尊重したり、考える習慣を育てる。

小学校の算数について ～お母さんが教えるポイント～

子どもが小学生になって学校で算数を学びはじめたら、お母さんは子どもにどうやって算数を教えればいいのでしょうか？

さりげなく見守るのも効果的ですが、ここでは積極的にお母さんが子どもに教えるときのコツを、学年別にお伝えいたします。

●〈小学1年生〉いくつ足すと10になるか、しっかり練習 ～10の補数～

まず、小学校1年生でたし算、ひき算、2年生でかけ算を習います。このあたりはその後の算数の基礎になる部分です。たし算とひき算では、

・「5＋7＝12」のような繰り上がり
・「12－8＝4」のような繰り下がり

が重要になります。

そのために、いくつ足すと10になるか、その数を見つけることが大切です（ちなみにその数のことを「10に対する補数」といいます）。

「7に3を足すと10」（7の補数は3）
「4に6を足すと10」（4の補数は6）

のようにいいます。ここでは、

「足すと10になる数字（10の補数）」「繰り上がり」「繰り下がり」

の練習をしっかりやるようにしてください。

繰り上がりや繰り下がりには意識がいきやすいのですが、特に大人の場合、「10に対する補数」は無意識に計算に組み込んでいたりするので、見落としやすいテーマとなります。

繰り上がりや繰り下がりの計算でも、実は、10の補数を使っているのです。

たとえば、「5＋7」という式を、どうやって計算していますか？

そんなのは当たり前の計算式だと思わずに、頭の中でどうやって計算しているのか、一度じっくり吟味してみてください。

「5＋7」を計算するとき、多くの人は、「7」に何かを足して「10」にしたいので、「7の補数の3」を思い浮かべます。

そこで、「5」を「2」と「3」に分けて、「3」と「7」で「10」を作ります。

次に、「2」が残っているので「10」と合わせて、答えは「12」になります。式で書くと、

5＋7＝2＋3＋7＝2＋10＝12

という計算を、頭の中で瞬時にやっていることになります。大人は無意識のうちに、このような計算を処理しているのですね。

これを頭の中でパッと計算できるためには、7の補数が「3」、と瞬時に思いつかなければいけません。ですから、

「6のときは4」
「9のときは1」
「2のときは8」
……

などと、10に対する補数が、考えずにパッと出てくるように、訓練をする必要があるのです。そうすることで、繰り上がりや繰り下がりを、正確に、早く計算できるようになります。

あせらずにこの「10の補数」の訓練をしっかりさせることで、計算力の基礎ができあがり、その後の計算がスムーズにいくようになります。

見落としがちですが、「10の補数」をしっかり練習しましょう。

〈小学2年〉「九九の暗記」を完璧になるまで訓練する

2年生の算数では、「九九の暗記」が最重要課題となります。

基本的に、算数は「考える」教科ですが、このあたりまでは暗記の要素が強いといえます。特に、九九はすべて暗記しなければいけません。

3×1＝1、3×2＝6、3×3＝9……

と順番に言うのではなく、これらが「**ランダムに**」「**瞬時に**」言えるようにしなければなりません。

九九がパッと言えるようになるまで訓練しましょう。ここでしっかりとした計算力をつけると、その後の算数の学習に効いてきます。

とにかく九九を暗記しましょう。「ランダムに」、「瞬時に」言えるまで！

〈小学3年生〉文章からきちんと式を立てて、計算できるようにする

2年生で九九を暗記したら、3年生ではわり算の計算を学びます。わり算の式を立てて、計算できるようにしなければいけません。

また、□を使った計算も出てきます。たとえば、次のような問題を見てください。

【問題】

同じ数ずつみかんを8人に配ったら、みかんは全部で32個になりました。

(1)1人に配ったみかんの数を□として、かけ算の式で表しましょう。

(2)□にあてはまる数をもとめましょう。

【答え】

(1)□×8＝32

これまでは数字の計算が中心でしたが、3年生からはこのように文章を読み取って、□を使って式を立て、答えを求めるというタイプの問題が増えてきます。つまり、より論理的に算数を考えるようになります。

だんだんと数学らしくなってきました。

□を使っているので素朴な式に見えますが、□は未知数「x」を意味します。

みかんを1人にx個配るとすると、「8x＝32」となり、「x＝4（個）」というのが、xを使った解答になります。

つまり、ここでは文字「x」を使う計算の準備段階になっているのです。

ですから、このような計算をきちんとマスターすると、文字「x」の計算にスムーズに取り組めるようになるでしょう。

低学年の算数はこのような数の計算が中心ですが、少しずつ図形も入ってくるので、円

「714÷18」の筆算のルール

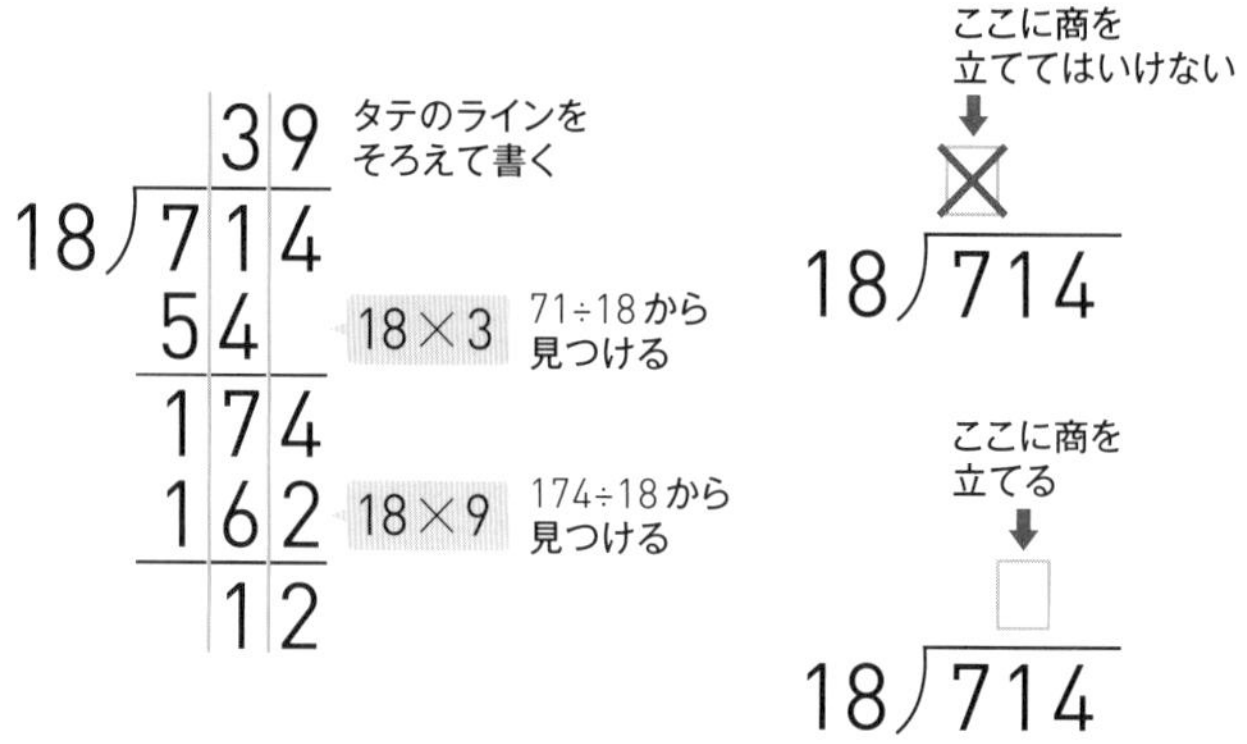

や球など図形にも慣れるようにしましょう。

あせる必要はないので、こつこつ練習をするようにしましょう。

●〈小学4年生〉お作法と思考力を身につける

「小4算数の壁」という言葉があるくらい、4年生くらいから算数がだんだんと難しくなってきます。これまでは暗記をしたり、与えられたパターンで解けましたが、少しずつ数学的な感性が必要となってくるのです。

わり算の筆算や分数の計算、比、立体の図形、分度器の使い方など、どの分野もしっかり理解できるように取り組みましょう。

特に4年生では、「わり算の筆算」を確実にマスターしなければなりません。かけ算の九九と同じで、ちゃんと理解をしておかないと、この先とても困ることになります。
たとえば、「714÷18」の計算をすることを考えてみましょう。
右の図にあるように「商のたてる位置」、「タテのラインをそろえて書く」など、筆算のルールをきちんと覚えなければいけません。算数のお作法といってもいいでしょう。

次に、頭の中では、「71÷18」をイメージすることになります。
「10」を7倍すると「70」です。しかし、「18」を7倍したのでは大きすぎます。実際は「18」を3倍すると、「71」より小さないちばん近い数になります。このようなことを頭で思いめぐらせて、試行錯誤して、「18×3」にたどり着くのです。数学的な思考力の芽生えといえるのではないでしょうか。

というわけで4年生では、算数の「お作法」を覚え、「思考力」を働かせ、わり算の筆算を行うことになります。

ここまでで見たように、わり算の筆算を行うには、「かけ算の九九」が瞬時に計算できなければいけません。もし、お子さんがわり算の筆算を計算するのに時間がかかるのなら、もしかしたら、そもそもかけ算の九九を瞬時に思い浮かべられないのかもしれません。

そんなときは、思い切って、2年生の「九九の暗記」のところに戻ってください。そして、九九が瞬時に言えるように訓練をしましょう。九九があいまいなのに、わり算の筆算ばかり訓練しても成果は上がりません。数学とはそういうものです。

大人にとっては機械的にこなす計算ですが、子どもにとっては「お作法」を覚え、「九九の知識」や「直観」をフルに動員して、「わり算の筆算」をしているのです。

子どもが計算できたときは、当たり前に思わずに、勇気づけの言葉をかけてあげましょう。

わり算の筆算を例に説明をしましたが、このように4年生になると数学的な感性が必要になってきます。5~6年生にもつながる基礎を学ぶことになるので、じっくり取り組んでほしいと思います。

●〈小学5年生〉複雑になってきても焦らずに基礎を固める

高学年になると、算数が難しいと感じる子どもが増えてきます。実際、内容的にも数学的な感性が必要となってくるため、じっくり取り組みたいところです。

5年生になると、小数や分数、割合、面積などが入ってきます。

特に、分数の計算や割合はつまずきやすいので、しっかりやるといいでしょう。

分母の異なる分数のたし算は「通分」をして計算しなければいけません。たとえば、

$$\frac{1}{6}+\frac{3}{8}$$

の計算を考えてみましょう。分母が6と8で異なるので、24にそろえて

$$\frac{1}{6}+\frac{3}{8}=\frac{4}{24}+\frac{9}{29}=\frac{13}{24}$$

と計算します。大人にとっては何気ない計算に見えますね。

ここで考えてください。分母をそろえるとき、「24」はどうやって見つけるのでしょう?

それは、頭の中で「6×4＝24」と「8×3＝24」を計算して、共通の「24」を見つけるのです。

ここでも九九が出てきましたね。このように、九九が瞬時にできないと、その後のいたるところに影響するので、2年生の「九九の暗記」の大事さがわかるのではないでしょうか。

また、この計算だと、分母を「48」にそろえてもできます。48だと「6×8＝48」なので、すぐに見つかります。分母を「48」でそろえると、次のようになります。

$$\frac{1}{6}+\frac{3}{8}=\frac{18}{48}=\frac{26}{48}=\frac{13}{24}$$

分母を「48」にそろえてやると、数字が大きくなるので面倒ですね。しかも、最後に、

$$\frac{26}{48}=\frac{13}{24}$$

のように約分しなければいけないことにも気づいてください。

先ほど、分母の「24」は九九で見つけると書きましたが、別の見つけ方もあります。それは、

$$6=2\times3,\ 8=2\times2\times2$$

と分解して見つける方法です。これを**素因数分解**といいます。この分解を見比べると、「6」のほうに「2×2」をかけて、「8」のほうに「3」をかけると、どちらも「2×2×2×3＝24」になることがわかります。「24」は、「6」と「8」の**最小公倍数**といいます。つまり、分母は最小公倍数にそろえると簡単に計算できるのです。いま説明した方法は最小公倍数を求めるための原理です。

通分といっても奥が深いのです。

素因数分解や最小公倍数、最大公約数などは、中学生になってから詳しく習います、今の段階では、とりあえず感覚的にでもいいので、できるだけ小さな数で分母をそろえて、正確に計算できるように何度も練習をしましょう。

分数の計算を説明してきましたが、分数と並んで「割合」も、子どもがわからなくなりやすい分野です。

割合は日常生活にも使うので、ちゃんとマスターしたいところです。割合の考え方については、この章の最後に説明するので、お母さんも理解して、日常生活に活かしたり、お子さんに教えてあげましょう。

また、図形の問題では、三角形や四角形の面積も習うので、面積の求め方にも慣れるようにしてください。

5年生になると、算数が急に難しくなってきたように感じるかもしれません。発展的な問題を解く前に、まずは教科書レベルの内容をちゃんと身につけるようにしましょう

●〈小学6年生〉小学校算数の集大成 ～数学的な考え方を身につけよう～

6年生は小学校の算数の集大成です。割合もさらに発展的になり、面積では円の面積を習います。比例、反比例についても学習します。

数学的な考え方を身につけられるように、これまで習ったことをフルに生かして、算数に取り組むことがポイントだといえます。

たとえば、比例の分野で説明をします。
次の表は、あるリボンの長さとその代金の関係を表しているとします。

長さ (m)	1	2	3	4	5
代金 (円)	20	40	60	80	100

リボンの長さが2倍、3倍、4倍となると、代金も2倍、3倍、4倍となることがわかります。ヨコの関係を見ているのです。

〈ヨコの関係で見る場合〉

(2倍、3倍、4倍)

長さ (m)	1	2	3	4	5
代金 (円)	20	40	60	80	100

(2倍、3倍、4倍)

〈タテの関係で見る場合〉

長さ (m)	1	2	3	4	5
代金 (円)	20	40	60	80	100

※長さを、20倍すると代金になる

このとき、長さと代金は**比例**の関係にあるといいます。

比例の関係は、タテの関係で見ることもできます。

1mのとき20円ということは、

1×20＝20、2×20＝40、3×20＝60、4×20＝80……

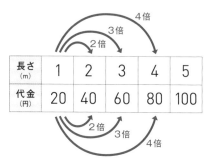

のように、タテで見たとき、20倍になっています。

このように、ひとつの表に対して、いくつかの見方ができます。

それでは1.5mの代金はどうなるでしょうか?

代金を求めるときも、2つの求め方があります。

ヨコの関係で見て、20円を1.5倍すると考えて、「20×1.5＝30(円)」と求めることもできますし、タテの関係で見て、1.5mを20倍すると考えて、「1.5×20＝30(円)」と求めることもできます。

さらに、リボンの長さxmのときの代金をy円とすると、「y＝20x」という関係があり、グラフに書くと次のページのようになります。

ここまでくると、もう中学校の数学とほとんど変わらないですね。

このように6年生は小学校の算数の集大成であり、中学校への架け橋にもなっています。

何度も練習をして、しっかり理解をしなければいけません。

そうすることで、数学的な考え方が身についてくるのです。

リボンの長さと代金の比例グラフ

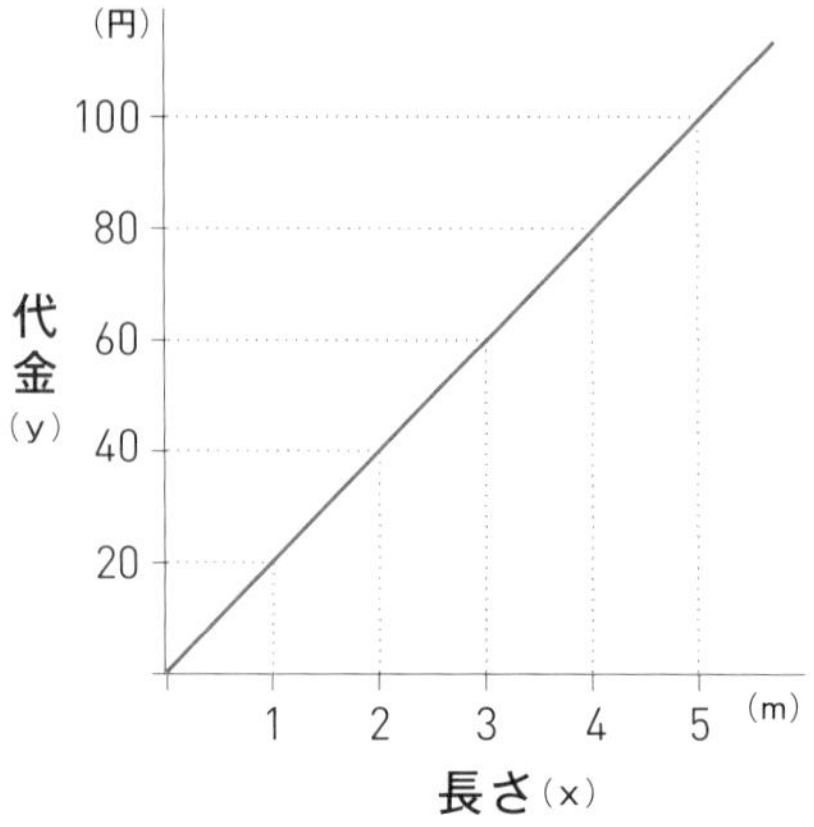

どの分野も大事ですから、ドリルなどで確実に理解したいところです。もし、わからないときは、わかるところまで戻って学習しましょう。場合によっては、5年生や4年生など、前の学年に戻ることも大切です。

ここまでで、学年別に算数を学ぶ際のポイントをお話ししました。これらのことを意識しながら、お母さんは、〝つかず離れず〟の距離感で、子どもの算数を見守っていただければと思います。

column

小学生に読んでほしいオススメの教材

〈オススメの数の絵本〉ライフタイムの読み聞かせ

子どもが小さいうちは、「数の絵本」を使って、数に親しみを持つのも良いでしょう。

ここでは『ライフタイム』を紹介したいと思いますが、この絵本以外でも、本屋さんに行くと、数に関する絵本がいくつもあるので、自由に選んでいろんな絵本を楽しんでいただけたらと思います。

○『ライフタイム　いきものたちの一生と数字』
ローラ・M・シェーファー（著）、クリストファー・サイラスニール（イラスト）、福岡伸一（翻訳）／ポプラ社（2015年）

こちらの絵本は、いきものたちを通し、楽しく数に触れ合うことができるので、就学前のお子さんの絵本としては最適だと思います。たとえば、

「キリンのもようは、いくつあるんだろう？」

というように、いきものに潜む「数」が全編に綴られています。

しかも、専門家の方にお話を聞いてできるだけ正確に計算された「数字」が書かれています。パラパラとページをめくるたびに、いきものたちの一生に隠された驚きの数の世界を感じることができるでしょう。

子どもだけでなく、大人が読んでも楽しめる内容です。

こちらの絵本を翻訳しているのは生物学者の福岡伸一さんで、あとがきには福岡さんのいきものへの想いがこもっています。

お母さんにはぜひあとがきも読んで、いきものについて思いを馳せていただけたらと思います。

私自身もこの絵本はお気に入りで、以前、豊橋で「算数寺子屋塾」を開催したとき、最後の読み聞かせで使ったのがこの絵本でした。数、いきもの、自然への関心が子どもたちに芽生えたらと、主催者の満田真澄さんに読み聞かせをしていただきました。

数学者の岡潔先生は、数学をすればするほど、自然を大切にする気持ちが芽生えてくるという意味の言葉を述べましたが、数学をすることで、自然を大切にする心を育めたら素敵だと思います。

『ライフタイム』は「数に触れ合う」だけでなく、いきものに潜んだ「数」を知ることで、自然の大切さにも気づかせてくれる絵本となっています。

ぜひお子さんに読みきかせをしてあげてほしいと思います。

●〈オススメの算数の教材〉ドラえもん　九九のうた（CDブック）

小学校2年生では、「九九の暗記」が一大イベントだとお伝えしました。

機械的に訓練をしても良いのですが、私のお勧めは『ドラえもん　九九のうた（CDブック）』です。

メロディーに乗せて、耳で聴いたり、一緒に歌ったりしながら、楽しく九九を暗記することができます。

○『ドラえもん　九九のうた（CDブック）』
藤子・F・不二雄（著）、水田わさび、藤子プロ／小学館（2011年）

ドラえもんの声で九九の歌が収録されているので、楽しく覚えられると思います。

このようなCDブックは、教材というより、「歌」として楽しめるので、小学校2年生まで待たなくても、小学校1年生や就学前に、一緒に聴くのもいいと思います。

かけ算の意味はわからなくても、「歌」として覚えていれば、子どもが2年生にあがったとき、抵抗なく九九が覚えられるからです。お母さんとお子さんが一緒に聴いて、歌いながら覚えられたら素敵ですね。

そんな願いを込めて、私はお仕事でお世話になっていたお母さんに、お子さんが就学前のときに、このCDブックをプレゼントしたことがあります。

そのお母さんから「娘と一緒に楽しく、継続して聴いています」とお聞きしました。

ぜひあなたも、ドラえもんCDブックをお子さんと一緒に楽しんでください。

なお、ドラえもんシリーズには、図形や小数など、他にもいろいろな学習本が出ていますので、そちらもお勧めです。

私がお世話になっている理系子育てアドバイザー、とがのえみ先生のお子さんたちは、小学校1年生のときに、ドラえもんシリーズの学習本やCDで算数に触れていたといいます。学習本では『たしざん・ひきざん』『かけ算・わり算』をはじめとし、小学校6年生の内容まで読み進めたそうです。また、CDで九九を楽しく覚えたそうです。小学校1年生のときにです！　ドラえもんシリーズは心強い味方ですね。

中学生～高校生の間に数学を学ぶ心得

中学・高校数学の心得

幼児や小学生のうちは親が一緒に教えることもできますが、中学生くらいになると、数学の内容も専門的になってくるので、教えることは学校や塾に任せたほうがよいと思われます。

とはいうものの、家庭での接し方は大切ですから、子どもとの接し方は第1～3章を読んで、実践していただけたらと思います。

そのようなことを踏まえて、ここでは、中学・高校数学の一般的な心得をお話しします。

小学校の算数から中学の数学になると、授業のペースが速くなり、内容的にも難しくなってきます。特に、文字「x」が数学の中心に居座るようになり、これにカルチャーショックを起こし、数学嫌いになる人も増えてきます。

さらに、高校数学になると、(大きな視点から見ると)「関数」が中心になり、高度な数学になります。

中学のとき以上に苦手意識を持つ人が多くなります。

ここでは、中学生以降の授業で数学を勉強するための一般的なポイントをお伝えします。

論理的な解答を心がける

算数では答えを求めることに気持ちがいきますが、中学や高校の数学では解答の書き方が大事になります。答え以上に解き方に注意を払わないと、(たとえ答えが合っていたとしても)大きく減点となってしまいます。

どういうことかというと、答案を書くときに、

「論理的な解答を心がける」

ということが大切になるのです。

答えが正しくても、途中の解き方が間違っていれば、ほとんど点数はありません。

逆に、答えが間違っていても、途中の式が正しければ、「部分点」といって、それなりに点数がつきます。

マークシートのテストなどは別ですが、記述式のテストでは答えよりむしろ途中の式を正しく書くほうが大事ともいえます。

ですから、「答えさえ合っていればいい」という発想を捨てて、「答えよりも論理的なプロセスを重視する」という考え方に変えましょう。

●まず、答えを見ずに問題をやってみる

数学の問題は難しいため、問題をパッと見てわからないと、すぐに答えを見たくなります。答えを見ると何となくわかった気になるので、納得して次の問題に進みます。これがいけないのです！

というわけで、２つ目のポイントとしては、「答えを見ずにやってみる」ということです。

キレイに模範解答通りに解こうと思わずに、どんなやり方でもいいので、とにかく考えて自分の力で解いてみてください。

わからなくても、とにかく考えてみてください。じっくり考えることの重要性は第2章でもお話しましたね。

答えを見ずに解く練習をしているうちに、「数学的な思考力」が身についてきます。

別解も考えてみる

数学は答えは1つでも解き方はいくつもあったりします。与えられた解答と別の解き方のことを「別解」といいます。

特に、高校の数学ともなると、「別解」がある場合がけっこうあります。

とはいえ、多くの人は「問題が解けた」ことで満足して、次の問題に進もうとします。わざわざ別解を考えようとしないのです。時間がもったいないと思うのでしょうか。

だけど、1つの問題に対して別のアプローチを考えることで、解き方の幅が広がり、それが応用力となるのです。それに、「別解を味わう」ことは、数学の醍醐味でもあるのです。

ですから、たくさんの問題を一気に暗記するのではなく、

「1つの問題をじっくり考え、鑑賞する」

ということをお勧めします。

それが応用力であり、数学力につながるのです。

●予習に力を入れる

小学校から中学に上がると、数学の授業のペースも速くなってきます。復習だけでは後手後手にまわり、カバーしきれなくなってしまうので、予習をするようにしましょう。

高校になると、さらに授業のペースが速くなるので、さらに予習中心のスタイルに切り替えるといいでしょう。

予習のポイントは、次の授業でやる教科書の内容を、あらかじめ読んでおいて理解する、教科書傍用の問題集などで問題を解いておく、ということになります。

「できるだけ予習の段階で理解をして、わからなかったところを授業で補う」

くらいにするといいでしょう。

授業のペースが速いと、毎回、予習をするのは大変ですが、予習中心にすることで数学の授業がずいぶん理解できるようになります。

Point

中学・高校数学の勉強法のポイント

- 論理的な解答を心がける。
- まず、答えを見ずに問題をやってみる。
- 別解も考えてみる。
- 予習に力を入れる

column

中学生・高校生に読んでほしいオススメの教材

●〈オススメの数学の本〉根上生也先生の書籍

横浜国立大学教授の根上生也先生は、一般向けの数学書から専門書まで、たくさんの書籍を出されています。

数学者としての「確かな視点」や「造詣の深さ」に加えて、根上先生の「数学への情熱」を感じることができます。

私からは、

○『計算しない数学　見えない〝答え〟が見えてくる！』（青春出版社）

がお勧めです。

『計算しない数学』というのは、なんともインパクトのあるタイトルです。そこに込められた根上先生の真意は、数学において（長い計算ではなく）パッと見てわかるこ

と、つまり、

「見て、それとわかること」

を大切にしよう、ということです。

数学の問題は、長さや面積、図形の個数など、直観を働かせることで、簡単に解けることもあります。この本では、そのような問題にあふれていて、読んでいて楽しくなってきます。

「はじめに」には、根上先生の「想い」が込められています。算数は好きだったけど、中学や高校で数学が嫌いになった人や計算ばかりしているのが嫌な人に対して、数学への自信を注入したいという根上先生の気持ちが伝わってきます。特に、「学校で習った数学は嫌いだけど、本当の数学はおもしろいはずだと思っている人」には、最適な本だと根上先生は言います。

私がこの本を読んで感銘を受けたのは、根上先生の数学研究の様子です。根上先生が数学の専門的な研究をするとき、初期の段階では、「絵を描く」といいます。書き損じた裏紙を使って、他人から見たら乱雑にも思える絵を、縦も横も気にせずに好き勝手なところに書くそうです。

だけど、そんなところから、問題解決のヒントが得られるそうです。

そう思うと、子どもが汚い字で、グチャグチャ書いていても、それほど気にしなくていいのかもしれませんね。

数学者だって、そんなところからインスピレーションを得ているのですから。

●〈オススメの物語の本〉『不思議の国のアリス』

数学の香りがする物語を読むことで、数学的なセンスに触れることができます。

これは目の前のテストの点数をアップさせるわけではありませんが、長い目で見たら、子どもの数学の素養にプラスに働きます。

私からのオススメは『不思議の国のアリス』です。

○ルイス・キャロル『不思議の国のアリス』『鏡の国のアリス』

不思議の国のアリスというとファンタジックなイメージがあるかもしれませんが、実は、作者のルイス・キャロルはイギリスの数学者です。本名がチャールズ・ラトウィッジ・ドジソンで、作家としてのペンネームがルイス・キャロルなのです。

絵本や映画だけでは伝わりにくいかもしれませんが、原作を読むと、数学的なエッセンスがいたるところに散らばっていて、数学的な雰囲気を感じる物語となっているので、ぜひ小説で読むことをお勧めします。

たとえば、アリスは『鏡の国のアリス』において、ハンプティ・ダンプティと出会います。ハンプティ・ダンプティはイギリスの古い民謡に出てくる卵の形のキャラクターです。

ハンプティ・ダンプティは王さまと女王さまから贈られた素敵なネックレス（チョーカー）をしていました。ハンプティ・ダンプティはそのネックレスを、「非誕生日プレゼントとして賜った」と言いました。なんだか不思議な表現ですね。

実はこれは、とても数学的な表現なのです。1年間の365日を「誕生日」と「誕生日でない日」に分割するという考え方で、誕生日でない日は、「非誕生日」という表現になるのです。

これは数学では「補集合」という集合の考え方で、正確には高校数学で習います。高校の確率の分野では、「補集合」の考え方で解く問題もあります。

このように、高校数学を習った人なら、「補集合」の考え方が出てきて、ドキドキします。ハンプティ・ダンプティ、すごいですね。

今のは一例ですが、この本は、数学者が描いたファンタジー小説だけあって、全編に数学的な香りが散りばめられています。

この小説を通して、ぜひ数学の感覚に触れてみてください。そんなところから、数学的な感性が身につくのです。

本書はいろいろな英訳が出ています。英語の原文がついている書籍もありますので、英文と日本語訳を比べながら読むことで、英語の力も養えるでしょう。

お母さんも子どもと一緒に算数を楽しんで学ぼう

割合の考え方をマスターしよう！

お母さんもお子さんと一緒に、算数を楽しみましょう。ここでは算数や数学でも大事で、日常生活でも見かける「割合」の基礎について、お話しします。

算数の「割合」は、日常生活にも関係があります。たとえば、お店に買い物に出かけたとき、「2割引」や「30％引き」などの言葉も見かけます。商品がいくらになるのかお店の人に聞いてもいいですが、自分で計算できたほうが便利ですよね。それに割合は算数だけでなく、中学になっても苦手になりやすい分野ですから、ぜひ基本をマスターしておくといいでしょう。

ここでは、割合の考え方を説明するので、しっかり理解しましょう。

最初に、割合の表し方を説明します。

小数「0・1」を分数に直すと「$\frac{1}{10}$」です。これは「10%」といったり、「1割」ということもできます。すなわち、

0.1, $\frac{1}{10}$, 10%, 1割

はそれぞれ、割合としては同じ意味を表しています。これをそれぞれ、

割合(小数)、分数、百分率(%)、歩合《ぶあい》(○割○分○厘)

といいます。

この4つをスムーズに変換できることが、割合を理解するための第一歩です。割合の計算方法を覚える前に、まずこの変換をしっかりマスターするといいでしょう。

まとめると次の表のようになります。丸暗記というより、先ほどの変換を考えれば、自然に覚えられるでしょう。

割合	分数	百分率	歩合
1	$\frac{1}{1}=1$	100%	10割
0.1	$\frac{1}{10}$	10%	1割
0.01	$\frac{1}{100}$	1%	1分
0.001	$\frac{1}{1000}$	0.1%	1厘

この変換を理解したら、次は計算です。

割合は全体（もとにする量）の中で、ある量（くらべる量）がどれくらいあるかという

ことですから、式にすると、

（割合）＝（くらべる量）÷（もとにする量）

となります。かけ算の形の

（くらべる量）＝（もとにする量）×（割合）

も覚えるといいでしょう。

それでは問題を解きながら説明します。

【問題】

6000円の2割引きはいくらでしょうか。

【答え】

まず、2割を割合の「0・2」に直します。

そこで、「もとにする量」を「元の値段」、「くらべる量」を「割引く値段」と考えると、「(割引く値段)=(元の値段)×(割合)」となるので、

(割引く値段)=6000×0.2=1200(円)

つまり、1200円割り引くことになる(安くなる)ので、割り引かれた値段は、

6000−1200=4800(円)

となります。

このようにステップを踏んで計算してもいいですが、別の方法もあります。

2割引きということは、全体の8割の値段になります。このことを用いると、8割を「0・8」に直して、

(割り引かれた値段)＝6000×0.8＝4800(円)

と直接求めることができます。

いかがでしたか？　割合の基本的な考え方が理解できましたか？

「買い物の○%引き」「野球の打率○割○分○厘」など、日常のちょっとしたところで、割合を目にすることがありますね。

ふだんの生活で割合を意識することで、算数的な考え方を自然に身につけましょう。

子どもの純粋さと数学をする姿勢

本書は、就学前や小学校の算数から中学、高校、大学、大学院の数学まで通用するような、確かな数学力の基礎を培うことを目的にしています。本書に書かれていることを意識して、しっかり実践していただければと思います。

第4章では算数の技術的なアドバイスが中心でしたので、ここで「気持ち」の面での、心がまえをお伝えします。

数学をするときの心がまえとしては、

「純粋な気持ちで数学に触れる」

ということを忘れないでほしいと思います。

数学者のグロタンディークは、「心の中に、変わらない『子ども』がいて、数学をするときは、子どもが夢中で遊んでいる」と言いました。

グロタンディークは、「お母さん、見て、金魚が食べてるよ！」というような、小さな子どもの喜びが大事だとも言いました。

算数の成績にやっきになっていると、子どものそんな素直な気持ちを、つい見過ごしてしまいます。

岡潔先生も数学をする際は、「子どもの無邪気さ」が重要だと述べています。岡先生は、「それで私は私の研究室員に『数学は数え年三つまでのところで研究し、四つのところで表現するのだ。五つ以後は決して入れてはならない』と口ぐせのように教えている」と言いました。

3歳までの子どもの気持ちで数学の研究をして、4歳のところで表現をしているというのは驚きですね。

このようなことからも、子どもが小さいうちから勉強を詰め込むだけではなく、「無邪気で純粋な気持ち」を尊重することの大切さを忘れないでください。

第5章

お母さんも キラキラ輝こう！

本章では、大きな視点から3つの提案をします。
子どもの算数力が磨かれて、さらに、
家庭が幸せになるための提案です。
自分自身について、世界との関わり方、
数学との向き合い方といった、
大きな視点からの提案です。

幸せになるためのアドラー心理学のキーワード

これまで、子どもの算数力を伸ばすためのお母さんの心得を、お伝えしてきました。

いよいよ最後の章では、お母さんもお子さんも、家族みんなが幸せになれるような大きな視点からの提案をさせていただきます。

そんな大きな視点を踏まえた、私からの提案は、

提案❶「共同体感覚を意識しよう」

提案❷「お母さんがキラキラ輝こう」

提案❸「数学に触れる気持ちを大切にしよう」

ということです。

幸せになるためのキーワード

共同体感覚を意識する

アドラー心理学はつきつめていくと、最終的に、きれいな心につきあたります。ここでは、そのことについて考えていきましょう。

アドラー心理学の最も重要な考え方に「共同体感覚」があります。共同体感覚を言葉で説明するのは難しいのですが、大切な考え方ですから、順を追って説明します。

共同体とは、家族、クラス、学校、社会などを表します。最も小さな家族から出発して、クラスや学校、社会など、より広い共同体のことを考えていきます。

そのとき、その共同体に、「所属している」、「共感する」、「信頼する」、「貢献する」といった感覚を抱くことを大切にします。

つまり、共同体への「所属感」「共感」「信頼感」「貢献感」です。

このことを踏まえて、岩井俊憲さんは共同体感覚を、「共同体に対する所属感・共感・信頼感・貢献感を総称した感覚・感情であり、精神的な健康のバロメーター」と定義しました。

たとえば、家族で考えてみるとわかりやすいでしょう。「私は家族の一員である」「家族のみんなに関心がある」「家族のことを信頼している」「私は家族に貢献している」。家族に対して、そんな感覚を持ち合わせていますか？　一度、振り返ってみましょう。

これらの積み重ねが「家族の絆」になるのではないでしょうか。

このような感覚が、家族だけでなく、クラス、学校、職場、社会といったより大きな共同体に対しても、持ちあわせているということが「共同体感覚」なのです。

このように考えると、「共同体感覚」を育てることが、家庭や学校における教育において、とても大切な目的になるといえます。

共同体感覚の意味を、さらに考えてみる

共同体感覚を意識し、実践することが大切だと理解しても、あまりにも漠然としていて、

実際にどうしたらいいかわかりにくいかもしれませんね。それもそのはず、共同体感覚を身につけるというのは、アドラー心理学の究極の目的なのです。では、一体どうすればいいのでしょうか。

次に、野田俊作さんによるアプローチを見ていきましょう。野田さんは共同体感覚を、次のように定義しました。

「これはみんなにとってどういうことだろう。みんなが幸せになるために、私は何をすればいいだろう」と考えること。

日常生活で何かが起きたとき、このように自分自身に問いかけてみましょう。言葉を変えると、自分が行動するときに、「みんなの幸せ」を考えるということです。

ちなみに、先ほどの共同体感覚の定義で、「私」と「みんな」を入れ変えると、

「これは私にとってどういうことだろう。私が幸せになるために、みんなは何をすればいいだろう」

となります。なんだかすごいことになりましたね。これを「自己執着」といいます。

このように考えると、共同体感覚と自己執着は、ある意味反対の言葉だとわかります。

つまり、自己執着が「汚れた心」だとすると、共同体感覚は「清らかな心」になるのです。

「欲を捨てなさい」「執着をなくしなさい」とよく言われます。確かに、私利私欲にまみれていては、幸せになれません。

ですが、完全に欲をなくすことなど、できるでしょうか？

すべての欲をなくすことができれば理想的ですが、人間、なかなかそうはいきません。

とはいうものの、「欲を持とう」と開き直るのもいかがなものかと思います。

ではどうすればいいのかというと、完全な理想的な状態に到達できるかどうかわかりませんが、「できるだけ、欲を持たないように努力をする」という姿勢を持つことが大事なのではないでしょうか。

アドラー心理学では、「欲」や「執着」という言葉ではなく、「協力的」「競合的」という言葉を使うのです。次に、これを見ていきましょう。

共同体感覚を意識するとき、実際にどうすればいいのか

先ほど、ふだんの生活で行動するときに、「みんなの幸せ」を考えて行動すればいいと説明しましたが、これでもまだ漠然としていて、わかりにくいかもしれません。

そこで、野田俊作さんは共同体感覚を意識するとき、

「『協力的』か？『競合的』か？」

を判断の基準にすればいいといいます。

たとえば、子どもが「算数を得意にしたいので、毎日算数の勉強をする」とお母さんと約束したとします。ところが、つい怠けてしまい、算数をせずにテレビばかり見ていた日

があったとします。

このとき、「約束を破ったわね！　謝りなさい！」とお母さんが叱ったとしたらどうでしょうか？

確かに、約束を破ったのは子どもかもしれませんが、それを責めて「謝りなさい」というのは、「協力的」な姿勢ではありませんね。これは、「競合的」な姿勢です。

そうではなく、「どうすれば、毎日算数ができるようになるんだろうね」と優しく相談をするのが、「協力的」な姿勢です。

このように考えると、これまでお伝えしてきた「子どもとの接し方」は、共同体感覚の視点で考えることもできるのです。今の例でいうと、

叱って謝らせようとするのは「タテの関係」であり、競合的な姿勢。
優しく一緒に話し合うのは「ヨコの関係」であり、協力的な姿勢。

といえます。

このように、共同体感覚の視点でとらえてみましょう。

子どもと接するとき、

「私のこの対応は『協力的』かな？　それとも『競合的』かな？」

と自分の胸に問いかけてみてください。それが判断の基準です。

子どもに対して、「カッ」となっているときほど、競合的になっているものです。気をつけたいですね。

みんなが共同体感覚を持ち、戦争も犯罪もなくなり、幸せに暮らせる世の中がやってくることをアドラーは願いました。そのような社会を実現したいと思い、アドラーは育児や教育に力を入れたのです。

それでは、共同体の範囲はどこまで広がるのでしょうか？

これに関して、アドラーは次のように述べています。

「共同体感覚は、家族だけではなく一族、国家、全人類にまで拡大する。さらには、この限界を超え、動物、植物や無生物まで、ついには宇宙にまで広がる」

とても壮大な考え方ですね。

さらに、ドライカースは、「その個人が想定しうる、もっとも広い意味での共同体」と述べて、ほぼ過去・現在・未来の人類のことであると定義しました。

すなわち、「共同体」というのは、過去・現在・未来の世界の全人類にまで広がり、さらには自然、地球、宇宙にまで及ぶのです。

山、海、風、土、水、木、花、石……そんなすべてを包み込むような愛が伝わります。

お母さんもそのような広くて深い視点で、子どもの教育に取り組んでほしいと思います。

お母さんがキラキラ輝くために心がけたいこと

お母さんが輝くことの大切さ

「子は親の背を見て育つ」という言葉があります。これは、子どもは親の言葉を聞いて育つのではなく、親の行動や生き方を見て成長するという意味です。

たとえば、親が子どもに「時間を守りなさい」と言葉で言ったとします。ところが、親自身が時間を守っていなければ、子どもは親の行動を見て、「時間を守らなくてもいい」ということを学びます。

つまり、親が口で言っていることではなく、やっていることに子どもは影響を受けてしまうものなのです。そう思うと、

「お母さん自身がキラキラ輝くこと」

が、とても大切だとわかります。お母さんがキラキラ輝くことで、いい影響が子どもに伝わるからです。

子どものことが気がかりなのはわかります。だからといって、子どもを優先するあまりお母さん自身が遠慮したり、逆に、手をかけすぎたり、注意ばかりしていたら、家庭の雰囲気が堅くなってしまいます。

ですから、いったん「課題の分離」をして、子どもに任せるべきことは子どもに任せて、お母さんが抱え込むのはやめませんか。そうすることで、自分にかけられる時間が増えると思います。お母さん自身がやりたいことをやって、生き生きとしましょう。

「課題の分離」というのは、お互いの主体性を尊重して、お互いが幸せになるための技法なのです。アドラー心理学を意識することで、肩の力が抜けて、幸せになるために歩みだせるのです。

お母さんが人生に前向きで、キラキラ輝いていれば、それは子どもに伝わります。

お母さんが輝くために洋服を変えよう

お母さんはぜひ、やりたいことをやって、生き生きと毎日を過ごしましょう。お母さんの「生き方」は、子どもに伝わります。

趣味や習い事、仕事など、これまでやりたくても、やってこれなかったことはありませんか?

やりたいことがはっきり決まっていればいいのですが、迷っているようなら、私からのお勧めは、「洋服を変えることからはじめよう」ということです。

お母さんは自分のことをちょっとくらい我慢してでも、大切な子どものためにお金を使おうと、考える人が多いのではないでしょうか。

それはそれで子どもへの愛情かもしれませんが、お母さん自身のために、もっとお金を使ってもいいと思うのです。子どものことと同じように、自分のことも大切にしてほしい。

自己受容という言葉があります。「ありのままの自分を受け入れる」という意味ですが、さらに言うなら、「私は私のことが好き」と思えることをいいます。

一度、振り返ってみてみましょう。お母さんは、ご自身のことが好きですか? 自分を大切にしていますか？

ありのままの自分を受け入れて、自分のことを大切にしてほしい、好きになってほしい。そこが出発点だと思うのです。そこで、自分がまとうもの（装い）を大切にしてほしいのです。

「衣替え」という言葉がありますが、「衣替え」はいつするのかご存知でしょうか？ そんなことは、改まって考えていなかったかもしれませんね。

それは季節の変わり日、つまり、「変化するとき」に衣替えをするのです。季節の変化を、気持ちの変化と考えると、衣替えにはいろいろな意味が含まれていることに気づきます。

・心の変化
・今までとは違う自分を表現したい
・今まで以上に自分を大事にする
・本当に自分に似合う洋服を知る

「衣替え」には、こんな意味が込められているのですね。

私も、服装をコーディネートしていただいているドレスセラピストの佐藤弘美さんからお聞きして、その深い意味に驚きました。そして、洋服の大事さが身に染みました。

もしあなたが、現状を向上させたいのなら、服を変えることからはじめましょう。

気持ちが変われば服が変わる。それが現状を変えて、あなたの人生が開花する衣替えになるのです。

現状を変えたいとき。自分を変えたいとき。前に一歩踏み出したいとき。

そんなときは、衣替えをするように、新たな気持ちで洋服を変えてみましょう。

私は以前、お仕事でお世話になっていたお母さんに『ドラえもん　九九のうた（CDブック）』を、プレゼントしたことがあります。そのとき一緒に、淡水パールのアクセサリーもプレゼントさせていただきました。幼稚園の娘さんにはドラえもんのCDブック、お母さんには淡水パールのアクセサリー、ということです。

「お子さんが算数を好きになり、お母さんがキラキラ輝いてほしい」という願いを込めて、ドレスセラピストの佐藤弘美さんと相談して、その翌年のラッキーアイテムである「パール」のアクセサリーをプレゼントさせていただいたのです。

そのお母さんは子育てで大変忙しく、自分の時間があまりとれないと言っていたので、少しでも前向きな気持ちになってもらえたらいいなと思いました。

「思いが装いを決める」という言葉があります。

私も以前は服装に無頓着でした。恥ずかしながら「着られれば何でもいいかな」くらいに思っていました。

ですが、大学の学生たちや一般向けのセミナーで出会う方々にキラキラ輝いてほしいという思いを込め、私はそんな気持ちを洋服に表すようにしました。

大学の数学は難しく、学生たちは授業のあと、自信をなくし、ネガティブになりやすいのですが、少しでもポジティブな波動を伝えたいと、私は願っています。

ですから、「学生たちが少しでも前向きな気持ちになってくれたら」という思いを込めて、私は「装い」に気を配り、授業の脚本を考え、授業中に演技をし、ポジティブな授業を展開するように心がけています。

このような私の「思い」が伝わったのか、以前、授業の感想で、「数学の内容は難しかったですが、松岡先生の洋服が印象的でした」「いつも私たちのために、前向きな授業をしてくださり、ありがとうございます」と書いてくれた学生がいました。

この感想を読んで「私の思いが少しでも伝わって、本当によかった」としみじみとした気持ちになりました。

ぜひ、あなたもキラキラ輝くために、洋服を変えることから始めてみましょう。

算数に触れる気持ちを大切にする

算数をするための心地いい雰囲気

第3章で、算数をするための心地いいスペースを作ろうとお話ししましたが、何も身構える必要はありません。

ふだんの生活で、算数を取り入れてみてはいかがでしょうか。

今から約2年半前、豊橋でお世話になっている満田真澄さん（株式会社ノズエ取締役）が京都観光に来られていました。満田さんはユニフォームの販売をされていて、男児の母としてお仕事と育児を両立されています。ちょうどその日、私は理系子育てアドバイザーのえみ先生と京都のサロンで打ち合わせをしていました。

そこで、3人でお会いして、京都のカフェでお話をしましょう、ということになりました。目の前に六角堂が見える素敵なカフェ……。そこで私はひらめきました。

カフェで3人で、算数の話をしよう! しかも、テーマは数字の「6」。

六角堂を眺めながら、「6」についてトークをしたら興味深いかなぁと思ったのです。

あなたは「6」と聞いて何か思い浮かびますか? 何気ない数字に思えますが、実は奥が深いのです。

たとえば、「6の約数を足すとどうなるか?」「ハチの巣は正6角形」「古代メソポタミアでは、60が基準だった!」など、面白い話はたくさんあります。

3人でお茶をしながら、「6」について、このような算数談議をしました。

このように何気ない日常のヒトコマに算数を取り入れてみると、算数的な感覚が養えます。

算数に触れて、思いにふけってみる

岡潔先生はスミレの花が好きでした。

「スミレの花はいいなぁ」と感じるのが情緒だといいました。

そのような気持ちの部分が、算数では大切だと岡潔先生は考えていたのです。

なぜ、スミレの花を見て「いいなぁ」と感じるのか理由は誰にもわかりません。だけど、なぜか「いいなぁ」と心ひかれるのです。

お母さんは、どうですか?

お子さんと一緒に算数をしていて「楽しいなぁ」と感じたことはありますか?

そんな感覚が、お子さんの気持ちに響くのです。

岡潔先生は、スミレが咲き、チョウの舞う野原を大切にしていました。そして、「もうチョウが舞わなくなり、夏にホタルが飛ばなくなったことがどんなにたいへんなことかがわかるはずだ」と言い、60年後の地球環境のことを心配していました。

自然を大切にし、60年後の未来から現在を眺める。まさしく共同体感覚ですね。

一方、グロタンディークは、「願望」が彼を数学に駆り立てたといいます。夢中で遊んでいる子どもの願望が、彼の心の中にあったというのです。

グロタンディークは、「心に子どもがいないときには、数学もなく、恋もなく、めい想もありません」と述べました。

グロタンディークにとっては、数学も、恋も、めい想も、願望が駆り立てていたのです。とても興味深いです。

数学者たちの言葉からわかるように、数学をするときには、「気持ち」の部分がとても大切なのです。

これは、私たちが見落としやすい視点です。

何も難しく考えず、ささやかなことでいいので算数や数学を親しむことからはじめてみませんか。

たとえば、ここに、チョコレートが1個あったとします。

今日全部食べるともったいないので、半分だけ食べて、残りは次の日にとっておくとします。次の日も、半分だけ食べて、残りの半分はさらに次の日にとっておくとします。また次の日も、半分だけ食べて、残り半分をとっておくとします。

　これをずっと続けると、

$\frac{1}{2}$、$\frac{1}{4}$、$\frac{1}{8}$、$\frac{1}{16}$、$\frac{1}{32}$、$\frac{1}{64}$、$\frac{1}{128}$……


と、どんどん小さくなっていきますが、なくなることはありません。

永遠になくならないチョコレート。

数学的には、「**無限に小さくなる**」といいます。なんだか不思議ですね（といっても実際は、小さく切るのには限度があるのですが）。

人はなぜか永遠や無限に惹かれる。それは手に入らないからでしょうか？

手に入るかどうかわからないけど、欲しいもの……。たとえば「**永遠の愛**」という響きに、あなたは憧れませんか。


こんなふうに不思議さを空想するのが、数学なのです。

そして、このような不思議さや美しさを経験するうちに、ときには数学で感動し、ときには数学で癒されるのです。

算数とは堅く難しいものだと身構えて、無理やりやるようなものでもないと思うのです。

私自身、将来数学の先生を目指す学生に対しては、

「数学を通して、生徒に感動を与えることを忘れないでほしい」

と伝えるようにしています。

将来学生たちが中学や高校の先生になったとき、計算や公式、数式の変形といった技術的な指導にばかりとらわれてしまわないように、という思いがあるからです。

数学には厳しい側面があるのも事実です。だからこそ教えるほうも、計算などのテクニックにばかりに意識がいってしまうのですが、その先にある「感動」を伝えてこそ、教わる生徒たちは自らペンを握るようになるのです。

不思議なもので、数学は、普通に教えるとどんどん堅くなってしまいます。

だからこそ、教えるほうも、柔らかさや優しさが必要になると思うのです。

おわりに

本書をここまで読んでくださった方なら、算数は、堅く難しいものだと身構えて無理やりやるようなものではないと、感じていただけたのではないでしょうか。

私自身、「穏やかな空気感で、ゆったりと算数を楽しむための空間があったらいいなぁ」という思いがあり、一般の方々に対して算数カフェを開催しています。

京都・四条烏丸のシェアサロンで算数カフェを開催したとき、お母さんたちが参加してくださり、お茶やお菓子を食べながら和やかな雰囲気で算数を楽しむことができました。

算数を楽しんだ後は参加者の方々と、公園の見えるカフェでランチをしました。日常の何気ないことから子どもの教育のことまで、いろいろなお話をしました。

算数、お茶やお菓子、公園の見えるカフェ、ランチ、散策……。

清々しい気持ちで算数と触れ合う空間を創りたいと私は考えているのです。

あなたもぜひ、穏やかな気持ちで、ゆったりと算数に触れてみてほしいと思います。

そうすることで、ときには算数に癒されることがあるかもしれませんね。

「数学は堅いけど、柔らかくて優しい」

そのような視点を意識すれば、子どもの算数に対して、ピリピリせずに大らかに向き合えるものです。

お母さん自身が輝き、共同体感覚を意識することで、子どもが輝き、共同体感覚が育まれ、その結果、お母さんがさらに輝く。

そんなプラスの循環が生まれたら素敵だと思います。

本書では子どもの算数力をアップし、お母さんもお子さまも家族みんなが幸せになれるようなあり方を書いてきました。

どうかこれらを実践するための「勇気」を持ってほしいと思います。

勇気を出して行動を変えることで、現状が変わります。

お母さんの「勇気」によって、子どもの算数力がアップし、子どももお母さんも幸せになれるのです。

私は現在、平日は高知で研究や教育に携わり、週末は京都で執筆やセミナー活動を行っています。最近は執筆に力を入れており、セミナー活動は少しお休みをしています。そんな忙しい日々を送っていますが、休日には私の地元の三重県に帰っています。

今でこそ、私は数学を専門にしていますが、子どもの頃は、勉強ができませんでした。小・中学校時代、ほとんど勉強をしなかった私が、なぜか数学だけは良い成績を修めることができました。当時はまったく理由がわかりませんでした。だけど今思えば、私の母や父のおかげだと感じるようになりました。

実際に親から勉強を教えてもらったことはほとんどないのですが、私の主体性を尊重するような接し方を、無意識のうちにしてくれていたのだと、大人になってから気づいたのです。

母や父には、感謝の気持ちでいっぱいです。

そんな母や父への感謝の気持ちを込めて、一人でも多くの人に、算数や数学の力を育む親のあり方を伝えたいと思い、自分なりに学び、考え、実践したことを本書に綴りました。

最後に、本書の出版に際して、インプルーブの小山睦男社長、スタンダーズ社の佐藤孔建社長、編集の河田周平氏に、大変お世話になりました。この場を借りてお礼申し上げます。

本書を通して、子どもの算数力が育ち、家庭に幸せな空間が実現することを願っています。

2020年6月　松岡 学

PROFILE

松岡 学

Manabu Matsuoka

1970年、三重県生まれ。高知工科大学准教授。

数学者、数学教育学者、博士(学術)。

岡山大学理学部数学科卒業、名古屋大学大学院理学研究科修了、名古屋大学大学院多元数理科学研究科満了、兵庫教育大学大学院連合学校教育学研究科修了。

大学で数学の研究や教育に取り組む傍ら、一般の方々に「数学の心」を伝えるため活動している。数学における「癒し」を大切にしている。アドラー心理学への関心も深く、数学教育に活かす実践や研究をしている。

ファッションを意識し、優しい雰囲気で、数学や心理学を伝えている。自然を大切にし、音楽を聴くのが趣味である。

著書に『数の世界 自然数から実数、複素数、そして四元数へ』(講談社ブルーバックス)などがある。

●松岡学 ウェブサイト
https://francis-math.wixsite.com/matsuoka

［書籍コーディネータ］
小山睦男［インプルーブ］

［ブックデザイン］
金井久幸［TwoThree］

［カバーイラスト］
加納徳博

［DTP制作］
横山みさと［TwoThree］

アドラー心理学《しんりがく》でわかる!

5歳《さい》からはじめる
いつのまにか子《こ》どもが
算数《さんすう》を好《す》きになる本《ほん》

2020年7月31日　初版第1刷発行

著　者　松岡 学
編集人　河田周平
発行人　佐藤孔建
印刷所　三松堂株式会社
発　行　スタンダーズ・プレス株式会社
発　売　スタンダーズ株式会社
〒160-0008
東京都新宿区四谷三栄町12-4 竹田ビル3F
営業部　03-6380-6132